Leander Scholz

ZUSAMMEN-
LEBEN

Über Kinder und Politik

Hanser Berlin

1. Auflage 2018

ISBN 978-3-446-26045-0
© 2018 Hanser Berlin in der
Carl Hanser Verlag GmbH & Co. KG, München
Alle Rechte vorbehalten
Satz: Greiner & Reichel, Köln
Druck und Bindung: GGP Media GmbH, Pößneck
Umschlag: Anzinger und Rasp, München
Printed in Germany

Für Raphael

INHALT

»*Ich*, das *Wir*, und *Wir*, das *Ich* ist.«
Hegel

1. DIE GEBURT DER FAMILIE

Wenige Minuten nach der Geburt unseres Sohnes wurde mir schwindelig. Auf einmal war es sehr schnell gegangen. Der Geburtsvorgang hatte sich über Stunden hingezogen. Zunächst hatte alles auf den Nachmittag hingedeutet, dann wurden die Angaben immer ungefährer. Am späten Abend war es sogar zum Stillstand gekommen. Die Ärzte überlegten, ob ein Eingriff nötig werden könnte. Der Sauerstoffgehalt wurde gemessen, eine dünne Nadel in den noch weichen Kopf unseres Sohnes eingeführt. Der Muttermund war schon länger geöffnet. Wir waren am frühen Morgen ins Krankenhaus gekommen, meine Frau war von den vielen schmerzhaften Wehen sehr erschöpft. Dann kam die Saugglocke zum Einsatz. Für einen Moment dachte ich noch, wie gut es ist, dass sie das Gerät nicht sehen konnte. Und mit einem Mal war er da, blutig, mit grauen und braunen Schlieren bedeckt, lebendig. Es war kurz nach Mitternacht, als unser Sohn zur Welt kam. Mit einer Schere trennte ich die Nabelschnur durch. Als er ruhig atmend in den Armen meiner Frau lag, wusste ich, jetzt ist alles gut, und mir wurde schwindelig.

In den Monaten, bevor unser Sohn geboren wurde, hatte ich eine ganze Reihe von Ängsten auszustehen. Ich befürchtete, dass ich meiner Frau nicht mehr so nahe sein könnte. Dass wir nur noch wenig Zeit füreinander haben würden, dass wir uns verändern und allmählich fremd würden. Ich machte mir Sorgen um meine berufliche Zukunft, mehr als sonst. Ich hatte Angst, meinem Sohn nicht das bieten zu können, was ich glaubte, ihm bieten zu müssen. Die Bilder, die ich mir von unserer gemeinsamen Zukunft zu machen versuchte, blieben undeutlich. Ich konnte mir nicht richtig vorstellen, was es bedeuten würde, mit einem Kind zusammenzuleben und eine Verantwortung zu tragen, die mir auf einmal sehr groß vorkam. Dann dachte ich wieder an die vielen Dinge, die ich noch erledigen wollte und die sich ständig vermehrten. Je näher die Geburt rückte, desto schwerer fiel es mir, mich zu konzentrieren. Mein ganzes bisheriges Leben schien in Frage gestellt zu sein. Eine Zeitlang lähmten mich diese Ängste, und ich konnte mich nicht auf die Geburt freuen. Vor allem aber hatte ich Angst, kein guter Vater sein zu können. Von allen Ängsten war diese Angst die stärkste.

Obwohl ich nicht die Strapazen des Geburtsvorgangs ertragen musste, fühlte ich mich nach der Geburt entkräftet. Kurz darauf wurde ich gebeten, mir mein Hemd auszuziehen und mich auf einer Liege auszustrecken. Meine Frau musste möglichst schnell operiert werden, und unser Sohn sollte während dieser Zeit auf meiner nackten Brust liegen. Er sollte die Wärme und die Nähe eines Körpers spüren und Vertrauen finden zu einer neuen Lebenssituation, die ihm Angst machen musste und der er ausgeliefert war. Trotz der Unsicherheit, wie ich ihn berühren, wie ich ihn halten sollte, war ich stolz darauf, diese Aufgabe zu übernehmen. Sein kleiner Kopf lag kraftlos auf der Seite, sicher gebettet in der kleinen Kuhle zwischen meiner Schulter und meiner Brust. Um seinen feuchten Körper, seine angewinkelten Beine hatte ich meinen Arm gelegt. Alles an ihm kam mir zart und verletzlich vor, die rote Haut, die kleinen Finger, der Herzschlag und sein Atmen. Die Liebe, die ich in diesem Moment empfunden habe und immer noch empfinde, bezog sich weder auf seinen Anblick noch auf irgendein Merkmal, das ihn auszeichnete, sondern unmittelbar auf sein Leben, seine Existenz. In den langsam vergehenden Minuten, in denen er auf meiner Brust lag, schob er sich nach und nach höher, immer dichter an mich heran, bis sein Kopf an meinem lag und ich ihn mit der Wange berühren konnte.

Obschon ich Kinder immer gemocht habe, konnte ich mir lange nicht vorstellen, selbst welche zu haben. Ich gehöre zu einer Generation, für die es nicht mehr selbstverständlich ist, irgendwann eine eigene Familie zu gründen. Die Entscheidung für Kinder erschien mir gleichbedeutend mit dem Verzicht auf die Möglichkeit, ein weitgehend selbstbestimmtes Leben zu führen. Die Vorstellung, vieles im Leben ausprobieren zu wollen, vertrug sich nicht mit der Bindung an ein Kind. Ich wollte nicht für jemanden da sein müssen. Und vor allem wollte ich selbst entscheiden können, was ich wollte und was nicht. Liebesbeziehungen lassen sich auflösen. Freundschaften können beendet werden. Und auch Ehen können wieder geschieden werden. Die Bindung an ein Kind lässt sich dagegen nicht wieder rückgängig machen. Sie kann gestört sein, sie kann vielleicht auch niemals richtig zustande kommen. Aber sie lässt sich nicht wieder auflösen, sie lässt sich nicht austauschen. Einen Vater oder eine Mutter kann man genauso wenig ersetzen wie eine Tochter oder einen Sohn. Aus diesem Grund kommt die Bindung an ein Kind im Register der Individualität nicht vor. Es ist keine Bindung auf Zeit, sie besteht ein Leben lang, ob sie gewollt ist oder nicht.

Ich kann mich noch gut daran erinnern, dass ich mit etwa vierzehn Jahren häufiger darüber nachdachte, warum ich froh war, ein Junge zu sein und kein Mädchen. Als Mädchen hätte ich Kinder bekommen müssen, und das erschien mir nicht nur sehr schmerzhaft, sondern auch unheimlich. Auch als Erwachsener kam mir die Vorstellung, dass Menschen aus Menschen hervorgehen, oft merkwürdig und befremdlich vor. Ein Kind wird gezeugt, indem sich eine Frau und ein Mann sexuell vereinigen, und wächst im Körper der Frau heran, bis es selbst zu einem eigenständigen Körper geworden ist. Die Schwangerschaft kann etwas Verstörendes haben. Im Grunde ist dieser Vorgang der modernen Welt immer fremd geblieben. Dass sich das Leben auf diese Weise fortsetzt, widerspricht unserem Bestreben, die Wahlmöglichkeiten in allen Bereichen des Lebens zu erweitern und zu steigern. Man kann nicht ausprobieren, wie es sich anfühlt, ein Kind zu haben, und sich dann dagegen entscheiden. Ein Kind kann man sich nicht aussuchen, ebenso wenig wie sich ein Kind seine Eltern aussuchen kann. Es kann ganz anders sein, als man erwartet hat, es kann andere Eigenschaften haben als erhofft, es kann krank sein, es kann ein schwieriges Kind sein. Das Glück, das die meisten Väter und Mütter über ihre Kinder empfinden, hat daher auch nichts mit dem Erfolg zu tun, über den man sich freut, wenn man eine richtige Entscheidung getroffen hat. Kinder sind auf einmal da, genau so, wie sie eben sind. Und sie verändern unsere Welt, weil sie unsere volle Aufmerksamkeit und unsere rückhaltlose Liebe verlangen. Manchmal, wenn ich unseren Sohn heute anschaue, kann ich immer noch nicht glauben, dass er einfach da ist und wir mit ihm dauerhaft unser Leben teilen.

Über Jahrhunderte hinweg war es selbstverständlich, dass jeder einzelne Lebenslauf in eine lange Kette des Lebens eingebettet ist. Jede Entscheidung und jede Handlung fand unter dem Blick der Vorfahren statt und wurde stets im Hinblick auf die Nachfahren vollzogen. Die heute gängige Vorstellung, dass jeder nur sein eigenes Leben gestaltet und im Innersten nur sich selbst erlebt, wäre nicht nachvollziehbar gewesen. Jemand, der sich vollständig auf sich selbst bezieht, dem alle Bindungen äußerlich sind, galt in der antiken Lebenswelt als ein Idiot. Mit dem Begriff *idiótēs* war kein geistiger Mangel gemeint, sondern die Verachtung für jemanden, der sich allein als Privatmann verstand, obwohl es ihm möglich war, öffentliche Ämter zu bekleiden und seinen Anteil an der Gemeinschaft zu haben. Ein bloßes Individuum zu sein war ein Schicksal, das man nicht freiwillig teilte. Die Annahme, dass Ungebundenheit den Spielraum für die eigene Selbstverwirklichung vergrößert, ist aus dieser Sicht ein Irrtum. Das Individuum, das sich seine Chancen ausrechnet, seine Interessen verfolgt und seine Möglichkeiten ausschöpft, ist eine späte Erfindung. Sein Horizont reicht nur von seinen ersten Erinnerungen an sich selbst bis zu der bedrohlichen Vorstellung, dass es einmal nicht mehr da sein wird. Es kennt weder Verpflichtungen aus der Vergangenheit noch aus der Zukunft. Seine Versuche, mehr zu erleben, enden oft damit, dass es weniger erlebt. Seine Freiheit beruht auf einem Schwund starker Bindungen. Wenn ich unseren Sohn abends in den Armen halte und seinen Schlaf spüre, kann ich die Verbundenheit des Lebens fühlen, die über mein Leben hinausgeht und alle menschlichen Gesetze und politischen Programme überdauert.

In der antiken Lebenswelt gab es ein Ritual, mit dem das Neugeborene in die Familie eingegliedert wurde. Die Hebamme legte den Säugling auf die Erde vor die Füße des Familienvaters. Dem *pater familias* kam eine Machtfülle zu, die das Leben seiner Frau, der Kinder und der Sklaven unter seine uneingeschränkte Verfügungsgewalt stellte. Diese *patria potestas* kommt auch in diesem Ritual zum Ausdruck, bei dem über das Leben des Neugeborenen entschieden wurde. Wenn der Säugling in die Familie aufgenommen werden sollte, hob der Vater das Kind auf, *tollere infantem*. Dieses Aufheben stellte zugleich ein Aufrichten dar und sollte das selbständige Gehen des Kindes vorwegnehmen. Ansonsten drohte dem Neugeborenen das grausame Schicksal der Aussetzung, meist aus Gründen der Armut. In dem Moment, in dem der Vater das Kind aufhob, erkannte er es als sein Kind an, unabhängig davon, ob es tatsächlich sein Kind war oder nicht. Auch wenn wir heute weit entfernt sind von dieser Welt, teilen wir doch den Umstand mit ihr, dass die Beziehung zwischen Eltern und Kindern nicht einfach gegeben ist, sondern hergestellt werden muss. Kinder sind angewiesen auf Bindungen, die verlässlich sind und denen sie vertrauen können. Da sie Schutz brauchen, lieben sie ihre Eltern selbst dann vorbehaltlos, wenn diese sie nicht zurücklieben können. Als unser Sohn auf meiner Brust lag, habe ich ihn aufgehoben und in die innerste Region meines Ichs aufgenommen.

Wenige Tage nach der Geburt habe ich bei meinem Arbeitgeber einen Antrag auf Elternzeit für anderthalb Jahre gestellt. Eigentlich wollten wir alles teilen, die Betreuung unseres Sohnes, die Hausarbeit und die Erwerbsarbeit. Aufgrund eines Angebots für eine neue berufliche Position, das meine Frau wenige Monate vor der Geburt bekommen hatte, kam es jedoch anders. Und ich fand mich als Hausmann wieder, meine Frau sich als Alleinverdienerin. Natürlich wusste ich nicht, worauf ich mich eingelassen hatte. Den ganzen Tag mit einem Baby oder Kleinkind zu verbringen, das vollends auf einen angewiesen ist, hinterlässt tiefe Spuren im psychischen Bau. Die Räume der Innerlichkeit schrumpfen. Das Gefühl für die eigene Geschichte lässt nach. Vergangenheit und Zukunft werden undeutlicher. In den ersten sechs Monaten haben meine Frau und ich versucht, möglichst viel gemeinsam zu machen. Danach ist meine Frau wieder in ihren Beruf zurückgekehrt, und ich habe die Tage allein mit unserem Sohn verbracht. In dieser Zeit kam mir alles sehr gegenwärtig vor. Im beruflichen Alltag gibt es Termine und Projekte, vieles wird über einen langen Zeitraum hin geplant. Jetzt gab es immer etwas zu tun, das keinen Aufschub duldete, das meine Absicht, was ich als Nächstes tun wollte, durchkreuzte. Ich konnte es mir nicht mehr leisten, nur meine eigene Perspektive zu haben. Manchmal kam es vor, dass ich von mir selbst in der dritten Person sprach, als wäre mir mein eigenes Ich abhandengekommen. Während sich die Stunden am Tag dehnten, wurden die Nächte kürzer. Unter der Woche stand ich nachts auf, an den Wochenenden meine Frau. An vielen Abenden war ich derart erschöpft, dass ich bei Licht einschlief. Das Buch, das ich lesen wollte, musste ich oft erneut auf der ersten Seite aufschlagen. Das Wichtigste war, am nächsten Tag wieder da sein zu können für unseren Sohn. Auch wenn die Tage fast immer voller Erlebnisse waren, fiel es mir schwer, abends meiner Frau davon zu berichten. Für vieles fehlte mir die Sprache, das meiste ließ sich lange nicht so spannend erzählen, wie ich es erlebt hatte. Jahrelang waren meine Rückblicke auf den Tag durch die berufliche Sicht geprägt. Nun musste ich erfahren, dass das Ich, das sich in der Welt behauptet, das bestätigt und anerkannt werden will, nur wenig mit einem Ich gemeinsam hat, das sich ganz der Sorge um ein Kind widmet.

Obwohl diese Erfahrung vor allem von Frauen seit vielen Generationen gemacht wird, kommt sie in den vorherrschenden Bildern, die wir von unserem Selbst haben, kaum vor. Wir haben Erlebnisse, treffen Entscheidungen, streiten uns, sind leidenschaftlich, wollen erfolgreich sein, verlieben uns, haben Freunde, sind enttäuscht und niedergeschlagen, aber die Sorge um ein Kind und die Bereitschaft, das eigene Wohl für ein anderes Wohl zurückzustellen, hat nur wenige Spuren in den Auffassungen darüber hinterlassen, was unser Selbst eigentlich ausmacht. Die überwiegend männlichen Autoren, die in den letzten Jahrhunderten die Räume unserer Innerlichkeit philosophisch erkundet haben, hatten in der Regel keine Erfahrung mit der Sorge um ein Kind. Und in den selteneren Fällen, in denen Frauen die Möglichkeit hatten, ihre Sicht philosophisch darzulegen, handelte es sich zumeist um Frauen, die selbst keine Kinder hatten. Das philosophische Vokabular, mit dem das moderne Ich erfasst wird, ist bis in unsere Gegenwart hinein weitgehend unberührt geblieben von den Bindungen zwischen

Eltern und Kindern. Es ist viel über die Freiheit des Ichs geschrieben worden, über seine Fähigkeit, sich im Denken und
Handeln selbst zu bestimmen, über sein Bedürfnis nach Anerkennung und sein Bestreben, sich selbst zu verwirklichen.
Häufig steht die Selbstbeziehung im Vordergrund, die das
Ich ausmacht, und die Frage, was diese für sein Tun, sein
Erleben, sein Glück und seine Einsamkeit bedeutet. Obwohl
die Familie im Leben der meisten Menschen eine bedeutende Rolle spielt, finden sich in der philosophischen Tradition
nur wenige Betrachtungen, in denen die Familie und ihre
Bindungen ein wesentliches Thema darstellen. Für die meisten Philosophen beginnt der Raum des intellektuellen Aus-
tauschs und der politischen Auseinandersetzung erst dort,
wo die Familie aufhört.

Seit der antiken Philosophie wird der private Raum des
Haushalts, *oĩkos*, streng unterschieden vom politischen
Raum des Gemeinwesens, *pólis*. Das enge Zusammenleben
in der Familie ist grundsätzlich anders als das Zusammensein vieler Einzelmenschen, für das in der europäischen Tradition der Begriff der Politik reserviert ist. Sich um jemanden
zu kümmern, ob es nun Kinder, alte oder kranke Menschen
sind, gehört dagegen traditionell zum Bereich der Familie.
Fürsorglich zu sein gilt auch heute noch als eine private und
überwiegend weibliche Tugend. Gegenwärtig werden in der
Öffentlichkeit vor allem berufliche Leistungen prämiert.
Die wichtigen Erfahrungen, die viele Frauen und Männer
zu Hause mit ihren Kindern machen, bleiben meist auf den
privaten Raum beschränkt. Dabei wird niemand bestreiten,
dass es einen Unterschied ausmacht, ob Kinder in unserem
Leben eine Rolle spielen oder nicht, ob wir mit alten Men-

schen zusammenwohnen oder nicht, ob wir uns um Kranke kümmern oder nicht, ob Menschen mit Behinderung in unserem Alltag präsent sind oder nicht. Manchmal stelle ich mir vor, wie sich unsere Welt verändern würde, wenn sich jeder eine Stunde am Tag um ein Kind, einen alten oder kranken Menschen kümmern würde, um jemanden, der auf unsere Hilfe angewiesen ist. Und ich bin der Meinung, das wäre nichts Geringeres als der Weg zu einer neuen Politik.

In den ersten Monaten, in denen ich die Tage allein mit unserem Sohn verbrachte, lernte er krabbeln. Fast täglich erweiterte er seinen Bereich und entdeckte mehr von unserer Welt. Ich ging die Wohnung nach möglichen Gefahren durch und befestigte alles, was sich festmachen ließ, und meine Frau brachte gepolsterten Schutz an Kanten und Ecken an. Langsam entwickelten wir einen gemeinsamen Rhythmus. Schlafen, Essen, Wickeln, Spielen. Wir gingen zum Krabbelkurs, zum Babyschwimmen, machten Einkäufe und Spaziergänge, besuchten andere Kinder und tanzten viel zusammen. Wenn er schlief, versuchte ich, so viel Hausarbeit wie möglich zu erledigen. Je mehr er von unserer Welt wahrnehmen konnte, desto besser gelang es mir, in sein Universum einzutauchen. Ein dichtes Universum aus Gerüchen, aus Lauten und Stimmen, aus Haut und Berührung, aus Tränen und Speichel, aus Hunger, Verdauung und vollem Lachen. Oft wird gesagt, dass Väter mit ihren Kindern erst etwas anfangen können, wenn sie zu sprechen gelernt haben. Während Frauen häufig auf ihre körperliche Nähe zum Kind festgelegt werden, wird Männern in der Regel die Rolle zugesprochen, dem Kind bei seinen ersten Schritten in die Welt jenseits des Hauses zu helfen. Väter toben mit ihren Kindern, schenken ihnen Abenteuer und bringen ihnen Fahrradfahren bei. Mütter kümmern sich um das Essen, kaufen die richtige Kleidung und waschen die Kinder, wenn sie sich schmutzig gemacht haben. Aus Sicht der klassischen Auffassung ist die Fürsorge weiblich und die Erziehung männlich. Obwohl meine Frau und ich von Anfang an versucht haben, uns möglichst gemeinsam um unseren Sohn zu kümmern, war es manchmal nicht einfach, die traditionellen Rollenmuster auszublenden. Den einge-übten Erwartungen, die an Väter und Mütter herangetragen werden, lässt sich kaum entkommen. Es ist leider immer noch so, dass nur wenige Väter eine längere Elternzeit neh-men und die Fürsorge in den ersten Jahren übernehmen. Für mich gehört das körperliche Zusammenleben mit unserem Sohn zu den prägendsten Erfahrungen, die ich bislang ge-macht habe.

Die Familie stellt vermutlich die älteste Weise des menschlichen Zusammenlebens dar. Während heute da-mit meistens die Beziehung zwischen Eltern und Kindern gemeint ist, gehörten zur römischen *familia* nicht nur die Ehegatten und die Kinder, sondern auch die bereits verhei-rateten Söhne und deren Frauen und Kinder. Mit *familia* wurde nicht allein die besondere Beziehung untereinan-der bezeichnet, sondern vor allem das Zusammenleben in einem Haushalt, sodass neben Verwandten und Sklaven auch Tiere und Dinge darunter fallen konnten. Allgemein bestand die Familie in vormoderner Zeit selten nur aus dem, was wir heute als Kernfamilie begreifen. Oft umfass-te sie mehrere Generationen und auch die verschiedenen Gehilfen und Diener, die einem gemeinsamen Haushalt angehörten. Trotzdem ist die Kernfamilie keine Erfindung der Moderne. Bereits in der antiken Lebenswelt wurde die Beziehung zwischen Eltern und Kindern als eine einzigartige Bindung aufgefasst. Häufig wird die Geschichte der Familie als eine Geschichte der Auflösung erzählt, die von der Großfamilie zur Kleinfamilie verläuft und an deren Ende vielleicht nicht einmal mehr die Einheit aus Vater, Mutter und Kind steht. Weltweit betrachtet, ist diese Beschreibung zwar unzutreffend. Aber zumindest in der westlichen Kultur hat die soziale und politische Bedeutung der Familie in den letzten beiden Jahrhunderten abgenommen. In dieser Zeit wurden familiäre Leistungen zunehmend durch staatliche ersetzt. Heute nehmen Kindertagesstätten und Altenpflegeheime Aufgaben wahr, die früher von der Familie bewältigt wurden. Die Ausweitung staatlicher Ordnung kann zur Schwächung der Familie beitragen. Umgekehrt kann der Verlust staatlicher Macht dazu führen, dass die familiäre Ordnung wieder wichtiger wird. Staat und Familie stehen, historisch gesehen, häufig in einer Spannung zueinander. Aber unabhängig davon, welche Formen die Familie bislang angenommen hat und noch annehmen wird, sie setzt stets die starke Bindung an ein Kind voraus.

Jede Beziehung bildet ein Wir aus, das sich gegenüber dem Ich und dem Du wie eine dritte Person verhält. Das gilt für jede Freundschaft und für jede Partnerschaft. Dieses Wir kann ein Eigenleben entfalten, das seine eigenen Bedürfnisse einfordert. Manchmal nötigt es und manchmal beschützt es die beiden, die sich aneinander gebunden haben. Man kann sich darauf berufen und in seinem Namen sprechen, wenn die Beziehung in eine Krise geraten ist. In der Ehe wird das Wir durch das Institut des Bundes verkörpert. Aber auch Freundschaften und Partnerschaften haben ihr rituelles Wir. Das Gleiche gilt für andere Gemeinschaften, die manchmal über viele Generationen hinweg gewachsen sind.

Seit unser Sohn auf der Welt ist und unser Wir zu einer Familie geworden ist, hat sich die Beziehung zwischen meiner Frau und mir grundlegend gewandelt. Ich wusste nicht, wie sehr man mitleiden kann, wenn das eigene Kind krank ist, und wie sehr man sich freuen kann, wenn es glücklich ist. In den ersten Monaten verbanden sich unsere Gefühle ganz mit der Sorge um unseren Sohn. Erst später kamen die Momente hinzu, in denen ich mir nicht mehr sicher war, ob ich die psychischen Regionen betreten wollte, in die mich unser neues Wir noch führen könnte. Ich habe zum ersten Mal verstanden, warum es Familiendramen geben kann. Die tiefe Abhängigkeit machte mich manchmal sehr aggressiv. Alles musste mehrmals ausbalanciert werden. Wer jeder für sich ist, wer wir zu zweit sind und wer wir als Familie sind. Das Zusammenleben mit Kindern kann aber auch komisch sein. Wochenlang saßen wir alle drei mit Lätzchen am Tisch, weil unser Sohn nicht einsehen wollte, dass nur er eins zu tragen hatte. Vieles geht einem sehr nahe, schlimme Geschichten, die man früher überhört hätte. Beim Anblick eines verwaisten Spielzeugs können einem die Tränen kommen. Zum ersten Mal als Papa oder Mama angesprochen zu werden, prägt sich tief in die seelischen Schichten ein. Eltern sind nicht bloß Erwachsene, die außerdem noch Kinder haben. Die Familie ist eine eigenständige Größe, eine Lebensform *sui generis*, die nicht zerteilt werden kann, nicht ohne Gewalt.

Seit einigen Jahrzehnten vollzieht sich zumindest in der westlichen Kultur ein Umbruch im Zusammenleben der Generationen, dessen Folgen heute noch nicht absehbar sind. In manchen Ländern ist die Geburtenrate derart niedrig, dass es dort bald deutlich mehr ältere als junge Menschen geben wird. Der umgekehrte Fall, eine starke Zunahme der Bevölkerung, hat früher oft zu schwerwiegenden Konflikten und Kriegen geführt. Wir können uns heute noch nicht vorstellen, wie sich unsere Welt verändern wird, wenn es weniger Kinder gibt, wenn es nicht mehr selbstverständlich ist, dass Männer und Frauen das Leben weitergeben. Keiner kann wissen, welche Auswirkungen es haben wird, wenn die Alten zunehmend unter sich bleiben und nach ihnen niemand mehr kommt. Eine Welt, bevölkert von Erwachsenen, die alt werden und nicht alt werden wollen, wird von neuen Konflikten gezeichnet sein. Auch wenn die Familienpolitik in der Regel nicht im Mittelpunkt von Parteiprogrammen steht, können die Auseinandersetzungen auf diesem Feld besonders hart sein. Über Jahrhunderte hinweg stellte die Familie fraglos das soziale Fundament des Gemeinwesens dar. Selbst der politische Liberalismus, der grundsätzlich nur Individuen kennt, ist stets davon ausgegangen, dass es immer genügend Nachwuchs geben wird. Das wird bald nicht mehr der Fall sein.

Da es sich um Grundlagen handelt, die jeden auf existenzielle Weise betreffen, können sich familienpolitische Kontroversen schnell ideologisch verhärten. Im 19. Jahrhundert wurde der jahrelange Streit zwischen dem preußischen Staat und der katholischen Kirche als *Kulturkampf* bezeichnet. Dabei ging es unter anderem um die Einführung der Zivilehe und um Fragen der Schulaufsicht. Die tradierte religiöse Geltungsmacht wurde durch die neue Staatsmacht verdrängt. Heute zeichnet sich ein ähnlicher Kampf ab, bei dem unterschiedliche Lebensformen in einen unausweichlichen Konflikt geraten können. Der Hintergrund dieser Auseinandersetzung wird jedoch nicht mehr durch die Konkurrenz von religiöser und staatlicher Macht gebildet, sondern durch die sozialen Bedingungen unserer aktuellen Marktgesellschaft.

Für anderthalb Jahre habe ich in einem anderen Rhythmus gelebt. Ich habe mich auf andere Weise bewegt, anderes wahrgenommen und vielleicht sogar anders geatmet. Wer über eine längere Zeit mit einem Kinderwagen unterwegs ist, der bemerkt schnell, wie sehr sich die Sicht auf unsere Städte verändert. Viele Bahnhöfe haben keinen Fahrstuhl. Häufig musste ich um Hilfe bitten, um ein Gebäude betreten zu können. Unser Supermarkt hat fünfzig allgemeine Parkplätze, sechs Frauenparkplätze, sechs Behindertenparkplätze und einen Familienparkplatz. Ich war meistens froh, wenn sich an der Kasse hinter uns keiner mehr anstellte. Anderen ist man oft zu langsam, selbst wenn man sich beeilt. Im Flugzeug hielt sich ein Mann jedes Mal demonstrativ die Ohren zu, wenn ich mit unserem Sohn auf den Armen den Gang entlangkam, um ihn in den Schlaf zu wiegen. Im Museum wurde ich gefragt, ob es denn nötig sei, dem Baby ausgerechnet jetzt ein Fläschchen zu geben. Ja, es war nötig. Viele Menschen sind der Meinung, Kinder sollten zu Hause bei den Eltern, in der Kindertagesstätte oder auf dem Spielplatz sein. Im öffentlichen Raum, der viel zu oft durch kommerzielle Belange geprägt ist, können Kinder schnell als störend empfunden werden. Während der *homo oeconomicus* widerstandslos vorankommen will, trödeln Kinder meistens genau dann herum, wenn es am wenigsten passt. Obwohl viele Städteplaner und Architekten selbst Kinder haben, sind öffentliche und private Einrichtungen kaum auf die kleinen Benutzer ausgerichtet. Es ist bemerkenswert, wie leicht es vielen zu fallen scheint, den Umstand zu vergessen, dass sie nicht immer schon zielstrebige Erwachsene waren und auch nicht immer bleiben werden. Die Gegenwart von Kindern erinnert uns daran, dass das eigene Leben endlich ist.

In der gegenwärtigen Kontroverse darüber, was eine Familie ist und welchen Stellenwert sie im sozialen und politischen Leben einnehmen soll, stehen sich zwei grund-sätzliche Positionen gegenüber, auf die sich die meisten der gängigen Ansichten zurückführen lassen. Beide Positionen haben eine lange Vorgeschichte. Und beide sind nicht in der Lage, die Familie als eine eigenständige politische Größe zu erfassen und die seit Jahrhunderten bestehende Grenze zwi-schen privat und politisch zu überwinden. Die erste Position versteht sich selbst als *konservativ*. Sie wird heute oft mit Bezug auf die katholische Kirche formuliert, auch wenn ihre gedanklichen Grundlagen deutlich älter sind und nicht un-mittelbar mit dem Christentum zu tun haben. Der wesent-liche Gedanke dieser Position besteht darin, dass die Familie die von Natur aus richtige Weise des Zusammenlebens von Eltern und Kindern ist. Damit ist nicht gemeint, dass Fami-lien natürlich im Sinne der Biologie sind. In diesem Zusam-menhang bedeutet *von Natur aus*, dass jedem Lebewesen, auch jedem Tier und Ding, ein eigener Sinn innewohnt, der seine Existenz erfüllt. Zum Frausein gehört aus dieser Sicht, Kinder zu bekommen und aufzuziehen, zum Mannsein, sich im Wettstreit mit anderen Männern zu beweisen. Der Mann ist politisch, die Frau ist häuslich. Diese Ansicht geht auf das antike Naturverständnis zurück, wonach allem von Anfang an ein unabänderliches *télos* eingeschrieben ist, ein bestimmter Lebenszweck, den man zwar missachten kann, jedoch stets um den Preis des eigenen Unglücks. Gelingen kann die eigene Existenz allein dann, wenn man sein Leben entsprechend der richtig verstandenen Natur führt. Freiheit bedeutet in der antiken Lebenswelt nicht, dass man unter prinzipiell unbegrenzten Möglichkeiten wählen kann, sondern dass man in der Lage ist, die von Natur aus gegebenen Möglichkeiten selbständig zu verwirklichen. Da alle Möglichkeiten bereits in der Natur vorgezeichnet sind, kann es nichts grundsätzlich Neues oder vollkommen Künstliches geben. Etwas kann besser oder schlechter gemacht werden, aber die Idee, dass alles auch ganz anders sein könnte, war der antiken Philosophie fremd. Vieles kann sich ändern, aber was von Natur aus gegeben ist, wird niemals völlig anders sein.

Auch wenn sich unser heutiges Familienverständnis in wichtigen Punkten davon unterscheidet, verdankt es sich im Kern der griechisch-römischen Antike. Die frühen christlichen Sekten waren überwiegend gegen das Zusammenleben in Familien eingestellt. Wer eine Familie gründete, machte sich aus ihrer Sicht gemein mit einer Welt, die dem baldigen Untergang geweiht war. Erst mit der Festigung der Glaubensgemeinschaften in der katholischen Kirche wurden die antiken Sitten auch zur Grundlage der christlichen Tradition. Im antiken Verständnis stellt die Familie den entscheidenden Ort dar, an dem die Tugenden und die

Rituale von einer Generation an die nächste weitergegeben werden. Die Familien bewahren das Vergangene und ermöglichen die Zukunft. Unter Ewigkeit wurde kein Leben jenseits der natürlichen Welt verstanden, sondern das Fortleben des am Lebensende Erreichten in der Welt der Nachkommen. Keine Nachkommen zu haben war ein schlimmes Schicksal. Man stirbt, und nichts bleibt. Begründet durch die Ehe zwischen Mann und Frau, wurde die Familie als eine Einheit verstanden, sowohl in wirtschaftlicher als auch in politischer Hinsicht. Der gemeinsame Haushalt wurde als privat betrachtet. Zugang zur Politik hatte allein der Hausherr. Selbstverständlich hat diese Auffassung bis heute zahlreiche Veränderungen im Einzelnen erfahren, geblieben ist jedoch die Ansicht, dass die Familie eine natürliche und keine politische Größe darstellt. Denn was von Natur aus als gegeben begriffen wird, muss unveränderlich und kann nicht politisch sein. Das heißt nicht nur, dass die traditionellen Rollen von Mann und Frau letztlich festgefügt sind, sondern darüber hinaus, dass die Familie in den Raum des privaten Hauses abgeschoben bleibt, an dessen Grenzen das öffentliche Leben beginnt. Das zentrale Problem dieser konservativen Position besteht darin, dass die Familie zwar die Grundlage des Gemeinwesens darstellt, aber als Familie keinen Anteil an der Politik des Gemeinwesens hat.

Die Gegenposition dazu, die sich selbst als *progressiv* versteht, wird vorwiegend von den Nachfahren der Achtundsechziger-Generation formuliert. Sie richtet sich sowohl gegen die Einrichtung der Ehe als auch gegen die Familie im Sinne eines natürlichen Zusammenlebens von

Eltern und Kindern. Der wesentliche Gedanke besteht hier darin, dass die Ehe eine patriarchale Institution ist, die ein überkommenes Rollenverständnis aufrechterhält und insbesondere Frauen auf die Arbeit im Haus verpflichtet. Das Gleiche gilt für die klassische Familie. Aus diesem Grund soll die Familie nicht mehr als Einheit aufgefasst werden, weder in wirtschaftlicher noch in politischer Hinsicht. Jedes Elternteil ist allein für sich selbst verantwortlich. Das rechtliche Institut der Ehe, der wie der Familie im Grundgesetz der Bundesrepublik Deutschland ein besonderer Schutz zugesprochen wird, soll daher abgeschafft werden. An die Stelle der Kernfamilie, bestehend aus Vater, Mutter und Kind, soll eine Gruppe von Eltern treten, die sich per Vertrag dazu verpflichtet haben, die Verantwortung für ein Kind zu übernehmen. Dabei gibt es weder einen Vorrang der Eltern im biologischen Sinne noch eine Beschränkung hinsichtlich des Geschlechts oder der Anzahl der Elternteile. Zu einem Elternteil wird man nicht durch die Zeugung und die Geburt eines Kindes, sondern nur durch die freiwillige Verpflichtung. Nicht die Weitergabe des Lebens begründet die Bindung an ein Kind, sondern die eigene Entscheidung, sich um ein Kind zu kümmern. Da die Bindung zwischen Eltern und Kindern nicht zu eng sein soll, können die Elternteile wechseln und müssen nicht dauerhaft Mitglieder der Familie bleiben. Ein Vertrag ist kündbar. Das Wir der Familie, in dem die Einzelnen sich als Gemeinschaft erleben, soll aufgelöst und durch ein Wir ersetzt werden, in dem die Einzelnen jederzeit sie selbst bleiben. Alle sollen nur mit Vornamen angesprochen werden. Es gibt keinen Vater, keine Mutter mehr, keinen Papa, keine Mama, nicht: meine Frau, und nicht: mein Mann. Der Nachname soll keine Familienzugehörigkeit mehr anzeigen.

Auch diese Position hat eine lange Vorgeschichte, die auf das wirtschaftsliberale Programm überwiegend englischer Staatstheoretiker aus dem 17. Jahrhundert zurückgeht. Das Anliegen dieser Philosophen bestand darin, traditionelle Formen des Zusammenlebens aufzubrechen, um sie für wirtschaftliche Belange zu öffnen. Dazu wurden alle sozialen Beziehungen zunächst so dargestellt, dass sie sich auf Interessen von Individuen zurückführen lassen. Jede Handlung sollte so verstanden werden, dass sie dem Egoismus entspricht, der jedes Individuum auszeichnet, und nicht aufgrund seiner Zugehörigkeit zu einer Gemeinschaft geschieht. Die neue Grundlage aller sozialen Beziehungen sollte das isolierte Individuum sein, das sich aufgrund seiner Interessen durch einen privatrechtlichen Vertrag mit anderen Individuen zusammenschließt. Das galt nicht nur für das neue Staatsverständnis des politischen Liberalismus, das weder Tugenden noch Pflichten kennen sollte, sondern auch für die Beziehung zwischen Eltern und Kindern. Der radikale Bruch mit der antiken Überlieferung bestand darin, dass alle öffentlichen Einrichtungen ohne Ausnahme aus dem privaten Streben des Einzelnen nach Sicherheit und Wohlstand abgeleitet wurden. Verträge begründen keine Gemeinschaft, sie sind nicht auf Dauer angelegt, und sie dienen allein dazu, die Interessen der Vertragspartner zu wahren. Ist das nicht mehr der Fall, wird der Vertrag aufgelöst. Sich durch einen Vertrag abzusichern entlastet davon, sein eigenes Schicksal an das Schicksal eines anderen binden zu müssen. Ein Vertrag stellt nicht nur das eigene

Interesse sicher, sondern auch, dass der Einzelne immer der Einzelne bleibt.

Zwar hat sich der politische Liberalismus seit seinen neuzeitlichen Anfängen in vieler Hinsicht geändert, geblieben ist aber bis heute die Idee des Vertrags als Grundlage des Zusammenlebens. Für die Familie bedeutet das ihre radikale Privatisierung. Während für die konservative Position die Familie zwar die Voraussetzung des politischen Lebens ist, aber keinen Anteil daran hat, fasst die progressive Position die Familie als prinzipiell privat auf. Familien entstehen wie Sportvereine oder Berufsverbände aufgrund von individuellen Interessen. Aus der Sicht der konservativen Position sind die Rollen in der Familie von Natur aus geregelt. Aus der Sicht der progressiven Position erscheinen sie als frei wählbar. Die einen betonen das selbstbestimmte, ungebundene Individuum. Die anderen heben die aufopfernde Liebe zumeist der Mutter hervor. Auch wenn beide Positionen in der familienpolitischen Diskussion häufig gemischt auftreten, zeichnen sie grundsätzlich die Bahnen vor, in denen sich die aktuelle Kontroverse bewegt.

In jüngerer Zeit sind allerdings auch andere Stimmen zu hören, von neuen Vätern und neuen Müttern, die sich nicht leicht einem der beiden Lager zurechnen lassen. In bestimmter Hinsicht treten sie als neokonservativ auf. Sie messen der Familie in ihrem Leben einen hohen Stellenwert zu. Sie bejahen ihre Rollen als Väter und Mütter und wollen auch so genannt werden. Sie sind selbstbewusste Eltern, glauben an starke Bindungen und machen das auch für alle sichtbar. In anderer Hinsicht sind sie progressiver als die Progressiven. Sie halten Kinder nicht für eine Privatangelegenheit. Sie fordern, dass sich die Berufswelt ändert und darüber hinaus noch einiges anderes dem Leben der Familie angepasst wird. Sie lassen sich nicht vereinzeln und bleiben auch nicht zu Hause. Sie wünschen sich mehr politische Aufmerksamkeit für Familien. Während es früher selbstverständlich war, eine Familie zu gründen, erleben es die neuen Väter und Mütter als etwas Besonderes, Kinder zu haben, und finden, dass es sich lohnt, darüber zu sprechen.

Noch vor wenigen Jahren hätte ich nicht geglaubt, dass ich selbst einmal zu diesen neuen Eltern gehören könnte, von denen ich nun schreibe. Lange habe ich mein Leben in einem ganz anderen Zeichen verstanden. Ich trage auf dem Rücken eine Tätowierung, die eine Kultfigur zeigt, einen *Acéphale*. Ein nackter Mann ohne Kopf, mit ausgestreckten Armen, in der einen Hand einen Dolch, in der anderen ein Herz, das außerhalb des Körpers schlägt. Als junger Mann habe ich mich für dieses starke Motiv entschieden, weil es für Entgrenzungen steht, für rauschhafte Erfahrungen, die den eigenen Körper an die Körper anderer binden sollen. Damals habe ich damit vor allem sexuelle Erfahrungen und Drogenerlebnisse verbunden. Später war ich froh darüber, dass sich die Tätowierung auf meinem Rücken befand. So musste ich sie nicht täglich sehen. Ich hätte nie gedacht, dass diese Figur, die den Verlust der Herrschaft über sich selbst als einen Glücksmoment fasst, für mich noch einmal eine neue Bedeutung gewinnen könnte. Sorge für ein Kind zu tragen heißt tatsächlich manchmal, dass das eigene Herz nicht mehr nur im eigenen Körper schlägt. Man wird verletzlicher und stärker zugleich. Die Tränen und die Freuden sind Momente eines gemeinsamen Körpers. Heute kann ich wenigstens ahnen, dass Eltern bei dem, was sie für ihre Kinder bereit sind zu tun, sehr weit zu gehen imstande sind. Aus diesem Grund habe ich mir die Frage gestellt, was das ist, die Familie.

2. DIE ENTSCHEIDUNG
FÜR EIN KIND

In den achtziger Jahren waren Kinder kein Thema. Denn Kinder bedeuteten Zukunft. Und Zukunft gab es nicht. In der Schule setzten wir uns ausführlich mit den Folgen eines Atomkriegs auseinander. Die Aussichten auf ein Überleben waren gering. Und selbst wenn einige verschont bleiben sollten, würde ihr Schicksal darin bestehen, auf einer verseuchten Erde zu leben. Kinder in diese Welt zu setzen kam mir als Jugendlicher absurd vor. Die Erde war voller Menschen, die sich alle möglichen Grausamkeiten antaten und gerade dabei waren, nicht nur sich selbst auszulöschen, sondern auch den gesamten Planeten zu verwüsten. Wir waren das Krebsgeschwür, das die Erde befallen hatte. Vielleicht war die drohende Eskalation gar keine Katastrophe, sondern in Wirklichkeit die einzige Lösung. Ein Neustart für die Erde. Ohne uns. Die Menschheit war in eine Sackgasse geraten. Anfang der achtziger Jahre wurden in Westdeutschland Atomraketen stationiert. Der Kalte Krieg befand sich auf seinem Höhepunkt. Die Vorstellung, dass nicht nur mein Leben, sondern das Leben aller irgendwann gewaltsam beendet würde, beherrschte meine Jugend. Seltsamerweise hatte das manchmal auch etwas Entlastendes.

Ich brauchte mir kein Bild von der Zukunft zu machen und schon gar nicht darüber nachzudenken, ob ich einmal eine Familie gründen wollte.

Für unzählige Generationen war es eine Gewissheit, dass nach ihnen weitere Generationen folgen, die ihrerseits eine Familie gründen und Kinder in die Welt setzen würden. Die Kette der Generationen besteht nicht aus einzelnen Menschen, die sich selbst fortpflanzen, sondern aus Familien, die dafür Sorge tragen, dass das Leben auch nach dem Tod des Einzelnen weitergeht. Männer und Frauen vereinen sich zu Paaren, zeugen Kinder und ziehen sie auf, bis sie für sich selbst sorgen können. Dauerhaft zusammenzuleben, ohne Kinder zu wollen, war bis vor wenigen Jahrzehnten noch eine abwegige Vorstellung. Denn Kinder hatten nicht nur die wichtige Aufgabe, sich um ihre Eltern zu kümmern, wenn diese alt und gebrechlich wurden. Sie halfen darüber hinaus auch bei der Bewältigung der eigenen Sterblichkeit. Sie spendeten Trost und Hoffnung zugleich. In den Kindern lebten die Eltern weiter. Wer einmal erlebt hat, wie alte Menschen vor allem auf sehr kleine Kinder reagieren, versteht sofort, was die Gegenwart von Kindern im Alter bewirken kann und warum Kinder und Enkelkinder eine Versöhnung mit dem drohenden Tod bedeuten können. Vieles, was Eltern und Großeltern tun, tun sie nicht für sich, sondern für ihre Kinder und Enkelkinder und damit für eine Zeit, die sie selbst nicht mehr erleben werden. Familien haben einen anderen Zeithorizont als Einzelmenschen. Ihr Gedächtnis ist tiefer und auch länger. Darin sind die glücklichen und schlimmen Geschichten des Lebens eingegraben. Eine Familie zu gründen galt daher lange Zeit als gleichbedeutend mit dem Leben selbst. Das ist gegenwärtig nicht mehr der Fall. Heute sind Gründe nötig, wenn man sich dazu entschließen will. Kinder gehören nicht mehr selbstverständlich dazu. Man muss sich bewusst für sie entscheiden.

Die atomare Apokalypse hat nicht stattgefunden. Und trotzdem hat allein die Möglichkeit einer vollständigen Vernichtung menschlichen Lebens tiefe Spuren in unserer Welt hinterlassen. Über viele Jahre hatte ich das Gefühl, nur in einer vorläufigen Wirklichkeit zu leben, die sich jederzeit als Täuschung herausstellen konnte. Ich stellte mir oft vor, dass die Welt eines Morgens plötzlich menschenleer ist, dass alle anderen einfach weg sind und ich mich auf die Suche nach Überlebenden machen muss. Dass es eine Zukunft gab, in der Menschen auf vergleichbare Weise zusammenleben würden, wie sie es in den letzten Jahrhunderten getan hatten, war keineswegs mehr selbstverständlich. Auch wenn der Atomkrieg irgendwann kein zu erwartendes Szenario mehr war, hat seine Drohung dennoch die sichere Kette der Generationen zerrissen. Die vertraute Erde und die Menschen, die seit Urzeiten auf ihr lebten, stellten kein Bild der Ewigkeit mehr dar. Vielleicht würde es irgendwann eine Erde ohne Menschen geben. Vielleicht würde der Mensch einmal die Spezies sein, die es geschafft hatte, sich selbst auszurotten. In dieser Zeit liebte ich vor allem Science-Fiction-Filme, in denen es um die Suche nach einem anderen Planeten ging, auf dem die Überlebenden einer globalen Katastrophe eine neue Heimat finden konnten. Jede Zeit hat vermutlich ihre eigenen Phantasien über einen neuen Anfang und über eine Neugründung des menschlichen Zusammenlebens. In meiner Generation war das eine extraterrestrische Phantasie.

So weit weg wie möglich. Mein Vertrauen in die Gestaltung unseres Lebens war damals ziemlich gering.

Ich kann mich immer noch sehr gut an die Tage unmittelbar nach der Geburt unseres Sohnes erinnern. Unsere erste gemeinsame Nacht war kurz. Es dauerte lange, bis alle so weit versorgt waren, dass wir einschlafen konnten. Und nach zwei oder drei Stunden wurden wir bereits wieder geweckt. Zum Glück hatten wir ein Familienzimmer bekommen. So konnte ich die ganze Zeit bei meiner Frau und meinem Sohn sein. Da Väter früher oft nur für einen kurzen Besuch zugelassen waren, war die Nähe zum Säugling in den ersten Tagen ausschließlich Frauensache. Das ist heute anders, auch wenn Männer sicher immer noch viel zu selten die Möglichkeit wahrnehmen, von Beginn an in die Fürsorge einbezogen zu sein. Ich lernte, den Kleinen zu wickeln, und kann immer noch die Angst von damals spüren, etwas falsch zu machen und ihm aus Versehen weh zu tun. Die dünnen Beinchen waren noch stark gerötet, und ich versuchte, sie so behutsam wie möglich anzufassen. Den ganzen Tag über lebten wir wie in einer Blase aus Erschöpfung und Glück, schliefen immer wieder ein, geschützt und umsorgt. Als ich am nächsten Tag die Station verließ, um in unsere Wohnung zu fahren und ein paar Sachen für meine Frau zu holen, hatte ich das Gefühl, zum ersten Mal rückhaltlos auf der Erde zu sein. Im Unterschied zu früher kam mir alles äußerst wirklich vor. Aus dem, was ich erlebte, konnte ich mich nicht mehr herausnehmen. In meinem Leben vor der Geburt unseres Sohnes hatte ich häufig versucht, neu anzufangen. Manchmal ernsthaft, manchmal nur halbherzig. Weil ich nicht mehr so sein wollte, wie ich war. Weil ich dachte, vieles an mir müsste eigentlich ganz anders sein. Oft habe ich ganze Tage viel zu früh aufgegeben und nur noch gehofft, dass am nächsten Morgen alles anders sein würde. An diesem Tag, als ich noch schnell den Boden gesaugt, die Küche aufgeräumt und alles Mögliche vorbereitet hatte für unser neues Zusammenleben zu dritt, wurde mir auf einmal klar, dass man nicht neu anfangen kann. Zumindest nicht aus sich selbst heraus. Man kann immer nur von anderen neu angefangen werden. In meinem Fall war es unser Sohn, der mein Leben noch einmal begonnen hat.

In den Monaten vor der Geburt wurde uns oft gesagt, Kinder verändern alles. Manchmal wurde noch hinzugefügt, wir sollten dieses oder jenes noch einmal genießen, da wir bald auf absehbare Zeit keine Gelegenheit mehr dazu hätten. Abschied zu nehmen von der Zeit zu zweit und die Ankunft eines neuen Lebens zu erwarten, für das wir die Verantwortung trugen, fühlte sich manchmal irgendwie geheimnisvoll an, als würden wir einem unbekannten Ritual der Verwandlung unterzogen. Manchmal hatte es etwas Beunruhigendes und Beängstigendes. Niemand konnte uns genau sagen, auf welche Weise sich alles verändert. Und auch heute noch fällt es mir schwer zu beschreiben, was anders geworden ist in meinem Leben. Man hat weniger Zeit, insgesamt, füreinander, aber vor allem für sich selbst. Oft ist man begeistert, sogar aufgekratzt, oft auch ziemlich genervt, fühlt sich überfordert und mit seinen Kräften am Ende. Die Bandbreite der Gefühle ist deutlich größer geworden. Und manche davon sind so stark, dass es mir zuweilen so vorkommt, als es wären es nicht mehr allein meine eigenen. Sie zu beherrschen ist viel schwieriger geworden. Die Entscheidung für ein Kind ist eine Entscheidung für eine intensive Gemeinschaft. Konflikte sind unvermeidlich. Oft fühle ich mich derart in widersprüchliche Situationen verstrickt, dass mir nichts anderes übrig bleibt, als einen Teil meiner Identität aufzugeben. Aber das ist vielleicht die wichtigste Übung, zu der mich unser Sohn fast täglich zwingt. Genauso wie meine Zukunft mehr ist als die Zukunft, die sich nur auf mich bezieht, weil ich mir vorstelle, dass er länger leben wird als ich, verhält es sich mit dem gesamten Haushalt meines Ichs. In jedem Moment bin nicht nur ich anwesend, sondern ist er ebenfalls gegenwärtig. Es kommt vor, dass ich nachts, wenn er schon länger schläft, in sein Zimmer gehe und ihn für ein paar Minuten betrachte. Der Mund steht meist halb offen, der Schnuller ist rausgefallen und die Hand liegt ausgestreckt neben der Puppe, die vor dem Schlaf noch ganz fest an den kleinen Körper gepresst wurde. Ihn so zu sehen, friedlich und geborgen in seinem kleinen Bett, macht mich unglaublich glücklich. Und dann befällt mich plötzlich eine Panik, und ich muss mein Ohr ganz schnell und nah an seinen Mund bringen, um mich zu vergewissern, dass er atmet. Sein Leben ist ein Teil meines Lebens, und zugleich wird mein Leben durch sein Leben über sich hinausgetragen. Aber das Merkwürdige ist, dass unser Sohn nicht nur meine Zukunft, sondern ebenso meine Vergangenheit verändert hat.

Der Weg hin zu unserer gemeinsamen Entscheidung, ein Kind haben zu wollen, war für mich lang und schwierig. Es waren viele Schritte nötig, bis ich mir vorstellen konnte, eine Familie zu gründen. Manchmal musste ich längere Pausen einlegen, wollte nicht mehr weitergehen und bildete mir ein, inzwischen zu alt dafür zu sein. Ich bin als Kind über mehrere Jahre sexuell missbraucht worden. Es hat viele Jahre gedauert, bis ich ohne Scham darüber reden konnte. Bis weit ins Erwachsenenalter habe ich gebraucht, um zu verstehen, dass meine Eltern mit meiner Erfahrung und meinen Schmerzen überfordert waren. Trotzdem ist es mir schwergefallen, ihnen zu verzeihen, dass sie mich nicht beschützen konnten. Ich war nicht in der Lage, so um Hilfe zu bitten, dass sie mir gegeben werden konnte. Ich fühlte mich von meinen Eltern und meinen Geschwistern im Stich gelassen. Mein Familienbild war daher lange von den vielen Verletzungen meiner Kindheit geprägt. Das hat sich erst geändert, als ich meine Frau kennenlernte. Für sie war vieles selbstverständlich, was für mich kompliziert war. Sie hat sich davon nicht verstören lassen. Dafür bin ich ihr sehr dankbar. Als unser Sohn auf der Welt war, konnte ich nicht mehr verstehen, warum ich früher anders gedacht hatte. Je mehr Zeit ich mit ihm verbrachte, desto mehr bekam ich von meiner eigenen Kindheit zurück. Als wären alle Lebensalter auf einmal präsent. Sowohl die früheren als auch die späteren. Als Enkelkind hat es mir mein Sohn ermöglicht, wieder die Nähe zu meinen Eltern zu finden. Manchmal habe ich den Eindruck, vorher nur einen begrenzten Teil des Lebens begriffen zu haben. Wenn ich unseren Sohn von der Kita abhole, wenn er mich erkennt, wenn er Papa ruft, auf mich zuläuft, wenn ich ihn ganz fest in die Arme schließe, dann bin ich mit dem Leben versöhnt.

Als junger Mann hatte ich mir vorgenommen, möglichst viele verschiedene sexuelle Erfahrungen zu machen, die mich an die Grenze meines Ichs führen sollten. Ich wollte alles ausprobieren, mich in möglichst ungewöhnlichen Situationen austesten, um so herauszufinden, wer ich eigentlich war. Vieles von dem, was ich getan habe, war selbstzerstörerisch. Oft war ich mir nicht sicher, ob ich weiterleben wollte. Ich bin achtlos mit mir umgegangen und fühlte mich vor allem dann stark, wenn ich mein Leben dem anvertraute, was ich als Schicksal empfand. Das alles waren Versuche, die Erfahrungen meiner Kindheit irgendwie zu bewältigen. Bis ich so weit war, mein Leben beenden zu wollen, und in einem quälend langsamen Prozess einsehen musste, dass nichts mich aus diesem Schmerz hinausführen würde, nicht einmal der Wunsch, gar nichts mehr zu spüren, wenn ich nicht lernen würde, Entscheidungen zu treffen, die gut für mich waren. Für die meisten Menschen ist es vermutlich selbstverständlich, das zu wählen, was ihnen guttut, was sie glücklich macht. Ich dagegen hatte jahrelang eingeübt, unglücklich zu sein. Manchmal hat man nicht die Wahl, und manchmal fehlt einem das Wissen, um die richtige Entscheidung treffen zu können. Aber manchmal liegt es auch an der Fähigkeit, sich nicht für das entscheiden zu können, was einem selbst als richtig erscheint. Manchmal ist man lieber schlecht als gut zu sich selbst. Ich musste erst lernen, auf mich achtzugeben und die Wut, die ich empfunden habe, nicht gegen mich selbst zu richten. Zuweilen waren es scheinbar sehr kleine Fragen, die ich mir beantworten musste. Was ich eigentlich gerne esse, zum Beispiel, oder ob es eine Farbe gibt, die mir besser gefällt als alle anderen. Ich musste mir darüber klar werden, was mir wirklich Freude bereitet und was ich gerne tun würde, wenn ich frei darüber entscheiden könnte. Ich musste lernen, gerne zu leben.

Darüber nachzudenken, eine Familie zu gründen, die Verantwortung für ein Kind zu tragen, das ich so lieben könnte, wie es mich lieben würde, setzte voraus, dass ich in der Lage war, mit mir selbst gut umzugehen. Die Entscheidung für ein Kind war daher für mich zugleich die Entscheidung dafür, eine Zukunft zu haben.

Als ich meine Frau kennengelernt habe, wusste ich sofort, dass ich mit ihr zusammen sein wollte, so lange wie möglich. Ich wollte mit ihr mein Leben verbringen. Sie tat mir gut. Ich fühlte mich vorbehaltlos angenommen von ihr. Zwei Monate später bin ich zu ihr gezogen. Drei Monate danach habe ich ihr einen Heiratsantrag gemacht. Früher konnte ich mir nicht vorstellen, treu zu sein. Es passte nicht in mein Lebensprogramm. Ich hatte es stets als Einschränkung empfunden, nur mit einem Menschen intim sein zu sollen. Jetzt kam es mir vollkommen selbstverständlich vor. Ich wollte mit niemand anderem mehr zusammen sein. Und ich wusste, dass ich dadurch nicht weniger, sondern mehr erleben würde. Zum ersten Mal in meinem Leben hatte ich wirklich Lust, meine Zukunft zu planen, und zwar mehr als nur ein paar Monate oder bis ins nächste Jahr hinein. Meine Frau hatte mir bereits bei unserem Kennenlernen gesagt, dass sie Kinder haben wollte, und ich hatte gemeint, warum nicht, ohne wirklich darüber nachzudenken, was das letztlich bedeutete. Und ohnehin wollten wir zunächst zusammen reisen und beruflich zumindest so weit kommen, dass wir Selbstvertrauen und auch eine gewisse finanzielle Sicherheit gewinnen würden. Der Zeitpunkt für ein Baby war noch nicht gekommen. Doch selbst als irgendwann alle Bedingungen erfüllt waren, merkte ich, dass ich ihn immer noch ein wenig weiter hinausschob, immer nur ein paar Monate. Stets kam mir noch etwas in den Sinn, das gegeben sein musste, bevor es so weit sein sollte.

Auch wenn ich es damals wahrscheinlich nicht zugegeben hätte: Ich hatte einfach Angst. Doch selbst wenn ich mir das eingestanden hätte, dann hätte ich nicht sagen können, wovor genau. Als ich meine Frau kennenlernte, war ich verwundert darüber, dass sie eine gute Beziehung zu ihren Eltern hatte. Ich dachte, alle Kinder haderten mit ihren Eltern, ob sie es nun wahrhaben wollten oder nicht. Im Unterschied zu ihr fehlte mir das Vertrauen in das Zusammenleben als Familie. Mich für meine Frau zu entscheiden ist mir leichtgefallen. Es ist die beste Entscheidung, die ich in meinem Leben getroffen habe. Und so habe ich es von Anfang an empfunden. Lernen, was es bedeutet, eine Familie zu sein, konnte ich dagegen erst in der Zeit, nachdem unser Sohn geboren war.

Natürlich konnten wir die Entscheidung nicht unbegrenzt aufschieben. In medizinischer Hinsicht hatte meine Frau ein Alter erreicht, in dem eine Schwangerschaft als risikobehaftet eingestuft wurde. Sie machte sich Sorgen, dass es vielleicht gar nicht klappen könnte, dass sie womöglich unfruchtbar war oder ich nicht zeugungsfähig. Wir hörten und lasen von Paaren, die lange versucht hatten, ein Kind zu bekommen, die alle möglichen Methoden bis hin zur künstlichen Befruchtung ausprobieren mussten und deren Partnerschaft schließlich an dem unerfüllten Kinderwunsch zerbrochen war. Es gab zwar keine Hinweise darauf, dass uns Ähnliches bevorstehen würde, dennoch schlug ich meiner Frau vor, ein Kind zu adoptieren, falls wir kein eigenes bekommen könnten. Um uns zu beschützen, erklärte ich ihr und zugleich mir selbst, dass es wahrscheinlich sogar besser wäre angesichts der gewaltigen Probleme der Menschheit. Ich fing an, mich mit der Entwicklung der Weltbevölkerung zu beschäftigen. Bis zum Jahr 1650 lebten auf der Erde nicht mehr als etwa eine halbe Milliarde Menschen. Die Weltbevölkerung wuchs nur langsam. Um 1900 hatte sie sich etwa verdreifacht, was im Vergleich zu heute immer noch wenig ist. Trotzdem hatte sich die Dauer, in der sich die Zahl der Menschen verdoppelt, in dieser Zeit von 240 Jahren auf 100 Jahre verkürzt. 1965 waren es bereits 3,3 Milliarden Menschen. Die Verdoppelungszeit betrug nun rund 36 Jahre. Im Jahr 2000 war die Weltbevölkerung auf über 6 Milliarden angewachsen. Selbst wenn die Rate des Wachstums nicht mehr weiter steigen sollte, die Zahl der Menschen wird weiter zunehmen. Schließlich machte ich einen Termin bei einer Kinderwunschklinik und ließ meine Spermien untersuchen.

Bereits im Vorfeld einer Schwangerschaft gibt es eine Reihe medizinischer Maßnahmen, mit denen zukünftige Eltern begleitet werden. Die Gynäkologin hatte meiner Frau empfohlen, ihren unregelmäßigen Zyklus untersuchen zu lassen und gegebenenfalls unterstützende Mittel in Anspruch zu nehmen. Mir hatte sie nahegelegt, ebenfalls vorsorglich feststellen zu lassen, ob ich überhaupt zeugungsfähig war. Angesichts des Umstands, dass wir noch nicht einmal versucht hatten, ganz ohne Vorbereitung ein Kind zu zeugen, empfand ich die Sorge sowohl meiner Frau als auch der medizinischen Spezialisten als übertrieben.

Ich kann mich noch gut an den Tag erinnern, als ich die private Klinik betrat, die sich darauf spezialisiert hatte,

Paaren ihren Kinderwunsch zu erfüllen. Sie war stilvoll und hochwertig eingerichtet, es war offensichtlich, dass sich mit dem, was sie anbot, viel Geld verdienen ließ. Ich wurde in einen kleinen Raum geleitet, in dem ich masturbieren sollte, unterstützt durch ein paar Erotik-Magazine. Für meinen Samen stand ein Plastikbecher bereit, den ich anschließend in eine schmale Durchreiche zu stellen hatte. Ich wurde angewiesen, nicht mit dem gefüllten Becher in der Hand bei den Arzthelferinnen an der Rezeption zu erscheinen. Obwohl ich mir irgendwie lächerlich vorkam, hatten die medizinischen Maßnahmen auch einen rituellen Aspekt. Meiner Frau wurde ein Präparat gegeben, das ich ihr aufgelöst in Kochsalzlösung spritzen musste, bevor wir Sex hatten. Was allein medizinisch gedacht war, hatte für uns etwas Aufregendes. Wir wussten genau, was wir vorhatten und welche Tage dafür bedeutsam waren. An dem Tag, als unser Sohn gezeugt wurde, habe ich meiner Frau nur die Kochsalzlösung gespritzt. Das Präparat selbst hatte ich vergessen, ich bemerkte es erst später, als ich es ungeöffnet vorfand. Da war es schon passiert.

Dass Paare bereit sind, für ihren Kinderwunsch viel Zeit aufzuwenden und viel Geld auszugeben, macht deutlich, wie kostbar Kinder geworden sind. Das war nicht immer so. Über viele Jahrhunderte blieben die Zahlen der Geburten und der Sterbefälle in etwa gleich. Mal wuchs die Bevölkerung etwas, dann schrumpfte sie wieder. Die meisten Menschen wurden nicht besonders alt. Es war nicht möglich, sich von vornherein auf wenige Kinder zu beschränken. Manche starben bei der Geburt oder danach. Viele erreichten nicht das Erwachsenenalter. Und Kinder waren nötig, um die eigene Versorgung im Alter zu gewährleisten. Kam es aufgrund günstiger Umstände doch einmal zu einem Wachstum der Bevölkerung, so wurde die Zahl der Menschen durch Seuchen oder Kriege wieder reduziert. Erst die Verbesserung der hygienischen Verhältnisse im 18. Jahrhundert sorgte dafür, dass die Zahl der Geburten die der Todesfälle dauerhaft überstieg. Und in dem historischen Moment, in dem es nicht mehr allein Glück war, dass ein Neugeborenes überlebt, konnten Kinder zu einem hohen Gut werden.

Familienplanung in unserem heutigen Sinn gibt es vielleicht seit etwas mehr als zweihundert Jahren. Die Voraussetzung dafür war der medizinische Fortschritt, sowohl bei der Geburtshilfe als auch bei der Verhütung und der Abtreibung ungewünschter Kinder. Erst dadurch konnten Kinder zum Gegenstand einer bewussten Entscheidung werden. Im 19. Jahrhundert wurde die Kindheit erstmals als eine eigenständige und wichtige Lebensphase begriffen, der eine entsprechend hohe Aufmerksamkeit zukommen sollte. Es ist keine Frage, dass die Planung in Zukunft noch viel genauer sein wird, bis hin zu der Möglichkeit, ein Wunschkind mit ganz bestimmten Anlagen zu bekommen. Als meine Frau sich sicher war, dass sie schwanger ist, haben wir dieses Wissen zunächst für uns behalten. Auch heute noch ist das Risiko einer Fehlgeburt in den ersten zwölf Wochen besonders hoch. Für einige Zeit war es unser Geheimnis, das wir mit niemandem teilen wollten. Es musste beschützt werden, auch vor unserer eigenen Freude und der Möglichkeit einer Enttäuschung. Als wir es dann unseren Eltern und Freunden erzählten, fühlte es sich tatsächlich an wie eine Botschaft, die alles verändern würde.

Die ersten Debatten über das Wachstum der Bevölkerung wurden schon sehr früh geführt, zeitgleich mit dem ersten feststellbaren Anstieg der Einwohnerzahlen. Während sich die Zahl der Europäer im Verlauf des 19. Jahrhunderts verdoppelte, wuchs die Bevölkerung in den deutschen Ländern sogar um das Dreifache. Es entstanden die ersten Großstädte mit Elendsvierteln, in denen die verarmte Bevölkerung unter Bedingungen lebte, wie sie gegenwärtig in den Großstädten der Schwellenländer vorherrschen. Viele Menschen waren gezwungen, ihre Heimatländer zu verlassen, und wanderten nach Nordamerika aus. Bereits um 1800 wuchs die Sorge, dass eine stark steigende Bevölkerung genau den Fortschritt, der durch die Vermehrung der Arbeitskräfte allererst möglich geworden war, bald wieder aufzehren würde. Mehr Menschen brauchen mehr Nahrung, mehr Wohnraum und mehr Güter, um ihr Leben bewerkstelligen zu können. Jede Verbesserung der Lebensumstände führt dazu, dass mehr Menschen geboren werden und überleben, wodurch die gerade behobene Armut erneut hervorgebracht wird. So entsteht eine Spirale aus Armut und Wachstum. Auf die erneute Armut folgt wiederum Wachstum, und auf das erneute Wachstum folgt wiederum Armut. Im Wachstum der Bevölkerung, das alle anderen Arten des Wachstums bedingt, erhält sich die Armut selbst. Die zunehmende Zahl an Menschen, die sich durch ihre Arbeit kaum ernähren konnten, führte im 19. Jahrhundert zu einer intensiven Diskussion der sozialen Frage und löste eine politische Bewegung aus, die in einer Reihe von staatlichen Sozialreformen mündete. Auch wenn es heute so erscheinen kann, als wäre die soziale Frage zumindest in einigen wohlhabenden Ländern aufgrund einer staatlichen Politik der Umverteilung im Prinzip beantwortet, ist die Spirale aus Armut und Wachstum in Wirklichkeit nur globalisiert worden. Auch gegenwärtig wird die Welt noch von den Problemen und den Konflikten heimgesucht, die sich bereits Anfang des 19. Jahrhunderts abgezeichnet haben.

Neben den pessimistischen Prognosen zu einer drohenden Übervölkerung gab es im 19. Jahrhundert ebenfalls geradezu gegenteilige Voraussagen zu einer zukünftigen Abschwächung des Wachstums. Aus dieser Sicht bestand die einzige wirkungsvolle Maßnahme, um die steigende Zahl der Kinder zu beschränken, in der Erhöhung des allgemeinen Lebensstandards. Zwar wurde auch versucht, eine Geburtenkontrolle durch staatliche Überwachung zu bewerkstelligen, etwa durch den Erlass bestimmter Ehegesetze. Aber die meisten dieser Versuche scheiterten daran, dass der Erfolg der Maßnahmen einen umfassenden Staatsapparat voraussetzt, der zumindest unter liberalen Bedingungen auf politischen Widerstand stoßen muss. Ist es jedoch den armen Schichten der Bevölkerung möglich, ihre Lebensumstände erheblich zu verbessern, und würde eine größere Familie den erreichten Lebensstandard wieder bedrohen, so steigt das Interesse, die eigene Fortpflanzung zu begrenzen. Das ist auch heute noch so. Insbesondere Paare, die zur Mittelschicht gehören, schätzen vorher ab, was sie zu leisten vermögen und was sie ihren Kindern bieten können. Sie wollen, dass ihre Kinder mindestens ähnliche Lebenschancen haben wie sie selbst. Je mehr Menschen die Möglichkeit zum Aufstieg haben und je breiter die Mittelschicht ist, die sich dadurch ausbildet, desto geringer wird folglich das Bevölkerungswachstum sein. Beide Prognosen, sowohl die pessimistische als auch die optimistische, haben sich bewahrheitet. In einigen Ländern stagniert die Bevölkerungszahl oder schrumpft sogar, in vielen anderen steigt sie dagegen ungehemmt an. Eine weltweite Begrenzung ist zurzeit nicht absehbar.

Auch vor der Geburt unseres Sohnes wusste ich natürlich um das Elend der Welt. Aber je intensiver wir sein Leben vorbereiteten, desto mehr ging mich das Schicksal derjenigen Kinder an, die in der gleichen Gegenwart geboren wurden und nur sehr geringe Chancen auf ein Leben hatten, in dem die Freude das Leid überwiegt. Nachrichten, die ich früher vielleicht überlesen hätte, Bilder, die ich noch vor wenigen Monaten nur beiläufig wahrgenommen hatte, setzten sich in meinem Inneren fest. Ich wurde 1969 geboren und gehöre damit zum letzten geburtenstarken Jahrgang in Westdeutschland. Unmittelbar danach setzte der sogenannte Pillenknick ein, und heute werden durchschnittlich 1,5 Kinder pro Frau geboren. In der Schule wurde uns oft davon erzählt, wie schlecht es den Menschen in der Dritten Welt geht. Wir sollten dankbar dafür sein, dass wir genügend zu essen hatten und dass es uns so gut ging. Und das stimmte ja auch. 1972 erschien der alarmierende Bericht des Club of Rome unter dem Titel *Die Grenzen des Wachstums*. Jeder kannte diesen Bericht, er war ungeheuer populär, auch wenn ihn vermutlich nur wenige tatsächlich gelesen hatten. Seine Warnung war ziemlich eindeutig: Die Erde erträgt uns nicht mehr, weder unsere Zahl noch die Art und Weise, wie wir leben. In den beiden Jahrhunderten, in denen die Ökonomie des Wachstums vorherrschte, zunächst in Europa, dann zunehmend in der gesamten Welt, waren die Ressourcen der Natur derart erschöpft worden, dass sie sich nicht mehr erholen würden. Heute wird jährlich aufs Neue berechnet, an welchem Tag des Kalenderjahres die Ressourcen verbraucht sind, die im gleichen Jahr von der Erde bereitgestellt werden. Mit jedem Jahr rückt dieser Tag weiter nach vorne. Als ich den Bericht des Club of Rome mit großer Verspätung las, war ich verblüfft darüber, wie sehr sich das Wachstum im Titel auf eine drohende Übervölkerung bezog. Alle anderen Arten des Wachstums, etwa des Kapitals und der Güter, sind davon abgeleitet. Auch unsere globalisierte Ökonomie ist immer noch von der Zunahme der Weltbevölkerung abhängig. Denn der gestiegene Lebensstandard, der in einigen Ländern dafür gesorgt hat, dass die Bevölkerung nicht mehr wächst, verdankt sich den billigen Arbeitskräften und der Erschließung neuer Märkte in den Ländern, in denen die Bevölkerung weiter zunimmt. Erst wenn das nicht mehr der Fall sein wird, ergeben sich ganz neue Bedingungen, unter denen die moderne Ökonomie lernen muss, ohne Wachstum auszukommen.

Weltweit betrachtet, führen wir im Unterschied zu den meisten Menschen ein privilegiertes Leben in einem wohlhabenden Land. Das zeigt sich sicherlich auch daran, was wir unternommen haben, um die Schwangerschaft bestmöglich zu unterstützen. Meine Frau stellte ihre Ernährung um, verzichtete auf Alkohol und besuchte einen Yoga-Kurs für Schwangere. Wir lasen Bücher über die verschiedenen Stadien der Schwangerschaft, und ich versuchte, so viel wie möglich daran teilzuhaben. Oft tastete ich mit meiner Hand ihren Bauch ab, legte meinen Kopf darauf, um mögliche Lebensgeräusche zu hören. Ich begann, meine Frau regelmäßig zu fotografieren, immer in der gleichen Position seitlich vor einer weißen Wand, damit wir sehen konnten, wie sich ihr Bauch von Woche zu Woche veränderte. Wenn ich diese Bilder heute betrachte, bin ich immer noch erstaunt darüber, wie groß und gespannt ihr Bauch schließlich geworden ist. In der 7. Woche wurde das erste Ultraschallbild gemacht, auf dem wir die Umrisse des kleinen Körpers sehen konnten, der da heranwuchs. Wir gestalteten eine kleine Kiste, in der wir alles aufhoben, was uns später einmal an diese Zeit erinnern sollte. Das erste Mal, als ich deutlich seinen Herzschlag hörte, hatte ich Tränen in den Augen. Meine Frau hatte plötzlich Blutungen bekommen. Da es Wochenende war, mussten wir ins Krankenhaus fahren und dort fast sechs Stunden warten, bis wir endlich an der Reihe waren. Eine lange Zeit, in der uns viele schreckliche Gedanken heimsuchten. Zum Glück handelte es sich um nichts Schlimmes. Als die Untersuchung abgeschlossen war, fragte mich die Ärztin, ob ich hören möchte, wie sein Herz schlägt. Natürlich wollte ich das. Heute bin ich froh, dass wir viele Bilder aus der Zeit vor und nach der Geburt haben, obwohl es mir früher oft befremdlich vorkam, in welchem Maße manche Menschen ihr Leben fotografisch dokumentieren. Wenn ich unterwegs bin und mir verlassen vorkomme, schaue ich mir diese Bilder an. Oftmals muss ich dann still vor mich hin lächeln und fühle mich geborgen in der Verbundenheit mit meiner Frau und unserem Sohn.

Einen Ausblick auf das, was auf zukünftige Eltern zukommt, wenn die vorgeburtliche Diagnostik noch deutlich genauer sein wird, bekamen wir bei unserem ersten Termin für ein Feinscreening in der 12. Woche. Es gibt momentan eine Reihe von Möglichkeiten, das ungeborene Kind auf eventuelle Krankheiten und Fehlbildungen hin untersuchen zu lassen. Die Blutwerte meiner Frau wurden überprüft. Die Nackenfalte und das Nasenbein unseres Sohnes gemessen. Bei jedem einzelnen Organ wurde nachgeschaut, ob es sich vollständig und richtig entwickelt hatte. Die Hinweise auf mögliche Risiken ergeben dann zusammen einen statistischen Wert, der die Wahrscheinlichkeit einer tatsächlichen Erkrankung angeben soll. Es handelt sich also nicht um eine Feststellung. Dazu wären weitergehende und besondere Untersuchungen nötig. Den Eltern wird zum Beispiel gesagt, dass die Wahrscheinlichkeit einer bestimmten Behinderung bei 1 zu 300 oder bei 1 zu 800 oder auch bei 1 zu 12 liegt. Wir hatten länger vor der Arztpraxis gestanden und uns noch einmal unserer Entscheidung vergewissert. Für den Fall, dass unser Kind an einem Down-Syndrom leiden sollte, wollten wir uns trotzdem nicht für eine Abtreibung entscheiden. Bei allen schwerwiegenderen Fehlbildungen würden wir das aber in Erwägung ziehen. Die Zahl, die wir dann genannt bekamen, war weder dramatisch noch völlig beruhigend. Wir erhielten eine humangenetische Beratung, die uns helfen sollte, diese Zahl zu interpretieren und mit ihr umzugehen. Der Arzt erklärte uns, dass er uns nicht beeinflussen oder zu einer Entscheidung raten dürfe. Er berichtete davon, dass sich Eltern in verschiedenen Ländern ganz anders verhielten. In Schweden wird schon ab einer bestimmten Wahrscheinlichkeit häufig abgetrieben, bei der sich niederländische Eltern noch überhaupt keine Gedanken machen. Dass in China oft abgetrieben wird, nur weil das Kind ein Mädchen ist, erwähnte er nicht.

Wir hofften und ließen die Statistik auf sich beruhen. Wir suchten ein Krankenhaus mit einer Geburtsstation, in der wir uns wohl fühlten, buchten einen Geburtsvorbereitungskurs und begannen damit, die nötige Ausstattung für die erste Zeit nach der Geburt zu besorgen. Wir kauften einen Kinderwagen, ein Kinderbettchen, einen Stubenwagen und eine Wickelkommode. Aus einem unserer Arbeitszimmer wurde ein Kinderzimmer.

Auch dass unser Leben so unglaublich verletzlich ist, dass die Körper so einfach und plötzlich gefährdet sein können, wusste ich natürlich bereits, bevor unser Sohn zur Welt gekommen ist. Aber die Entscheidung für ein Kind ist zugleich eine Entscheidung, sich dieser Verletzlichkeit schutzlos auszuliefern. In der 24. Woche hatte meine Frau einen Verkehrsunfall. Sie war beim Fahrradfahren von einem Auto angefahren worden. Nachmittags erhielt ich einen Anruf aus dem Krankenhaus. Meine Frau sagte als Erstes, dass es ihr gut gehe. Sie hatte sehr viel Glück gehabt. Sie war gestürzt und hatte sich nur leicht verletzt. Aber der Lenker ihres Fahrrads hatte sich in ihren Bauch gebohrt und vielleicht unser Kind getroffen. Was mir in diesem Moment durch den Kopf ging, ist nicht leicht aufzuschreiben. Erleichterung darüber, dass es meiner Frau gut ging, zugleich eine bedrückende Angst. Und ich empfand Wut, sogar richtigen Hass. Auf Menschen, die sich so rücksichtslos, so achtlos verhalten. Wie sie es jeden Tag tun, überall. Allein der Versuch, sich vorzustellen, was in einer Minute auf der Welt passiert, lässt sich nicht lange durchhalten.

Meine Frau musste drei Tage im Krankenhaus bleiben, bis alle Untersuchungen abgeschlossen waren. Seitdem lebe ich in ständiger Angst vor einem Anruf. Sich Sorgen zu machen ist vielleicht die stärkste Veränderung, die ein Kind mit sich bringt. Aber vielleicht ist es zugleich der stärkste Grund, sich für ein Kind zu entscheiden und die Verletzlichkeit jederzeit vor Augen zu haben, die uns mit dem Leben der Körper auf dieser Erde verbindet.

In Deutschland wird der demographische Wandel vorwiegend aus volkswirtschaftlicher Sicht diskutiert. Weniger Kinder in der Gegenwart bedeutet weniger Beitragszahler in der Zukunft, was die sozialen Systeme vor enorme Probleme stellen wird. Mit der jetzigen Geburtenrate sind die Renten der heutigen Arbeitnehmer nicht sicherzustellen. Kinder erscheinen daher vor allem als ein Faktor, um die gegenwärtige Verteilung von Wohlstand zu stabilisieren. Dabei stellt der aktuelle Rückgang der Bevölkerung die vielleicht größte Chance dar, um die zunehmenden Unterschiede zwischen armen und reichen Menschen zumindest einzudämmen. Möglicherweise könnte es sogar gelingen, mit einem historischen Umbau der Ökonomie des Wachstums zu beginnen, obgleich die Bevölkerung weltweit immer noch stark zunimmt. Im 19. Jahrhundert hatten die Arbeiterkämpfe dazu geführt, dass erstmalig Maßnahmen der sozialen Absicherung ergriffen wurden, um wenigstens einen Teil der enormen Gewinne auch denen zukommen zu lassen, die an ihrer Erwirtschaftung beteiligt und im Alter dazu nicht mehr in der Lage waren. Über viele Jahrzehnte bestand die Macht der organisierten Arbeitnehmer im Generalstreik. Ohne diese Drohung wären die Arbeitgeber niemals bereit gewesen, ihnen und ihren Familien einen größeren Anteil am Ertrag der gestiegenen Produktivität zu gewähren. Menschen, die gezwungen sind, sich für andere zu verdingen, gab und gibt es schließlich genug. Seit den neunziger Jahren ist die Position der Gewerkschaften in diesem Kräfteverhältnis schwächer geworden. Die Löhne stagnieren, die Kaufkraft ist teilweise gesunken. Für Arbeitgeber ist es vorteilhaft, ihre Arbeitskräfte aus einer überzähligen Menge bereitwilliger Menschen auswählen zu können. Das ist die beste Garantie dafür, dass sich die Arbeitnehmer anstrengen und die Kosten niedrig bleiben. Für Arbeitgeber wäre ein weltweiter Arbeitsmarkt deshalb ideal. Demgegenüber könnte der demographische Wandel ein mächtiger Hebel werden, das Kräfteverhältnis grundlegend zu verändern.

Schon heute werden Familien umfänglicher gefördert als früher, weil Kinder auch in wirtschaftlicher Hinsicht wertvoller geworden sind. Es ist nicht mehr selbstverständlich, dass immer genügend Nachwuchs zur Verfügung steht. Die Berufswelt wird sich daher mehr und mehr den Bedürfnissen der Familien anpassen müssen. Dass es überhaupt so weit gekommen ist, dass Eltern heute Forderungen bezüglich ihrer Lebenssituation stellen können, wäre ohne den demographischen Wandel nicht denkbar. Zwar hat es die Globalisierung vielen weltweit tätigen Konzernen leicht gemacht, ihre Arbeitskräfte in anderen Ländern zu rekrutieren, in denen es einen Bevölkerungsüberschuss gibt. So ist ein ruinöser Wettbewerb entstanden, bei dem die Arbeitnehmer gegeneinander ausgespielt werden. Der Aufstieg der Schwellenländer wurde dabei mit einer zum Teil brutalen Ausbeutung erkauft, die in den reicheren Ländern längst als überwunden galt. Aber inzwischen haben viele Konzerne die Erfahrung gemacht, dass sich Arbeitsplätze nicht beliebig auslagern lassen, und sehen sich gezwungen, eine weiter vorausschauende und sehr früh ansetzende Personalplanung zu betreiben. Die Verknappung des Nachwuchses wird in einigen reichen Ländern die Arbeitsmärkte sehr bald und sehr deutlich verändern, vor allem in solchen Ländern, die keine lange Tradition der Einwanderung haben. Die gegenwärtige Diskussion über einen möglichen Mangel an Fachkräften zeigt, dass der demographische Wandel noch in erster Linie als Bedrohung der bestehenden Verhältnisse und nicht als Aussicht auf eine tiefgreifende Veränderung wahrgenommen wird, die letztlich sowohl unsere gesamte Wirtschaft als auch unser Zusammenleben als solches betrifft. Wir stehen erst an der Schwelle zu der historischen Einsicht, dass die Zeit der Massen, die im 19. Jahrhundert begonnen hat, auf allen Ebenen, sowohl der Produkte als auch der Menschen, vorbei ist. Früher galt allein ein bevölkerungsreiches Land als mächtig und überlebensfähig. In Zukunft werden es dagegen ökologische Regeln sein, die unser Überleben und das unserer Kinder ermöglichen.

Als meine Frau sichtbar schwanger war, fielen mir erst die vielen anderen Frauen auf, die sich mit gespannten Bäuchen durch meinen Alltag schoben. Ich begann, die Männer und Frauen wahrzunehmen, die Säuglinge an ihrem Körper trugen und sich anders zu bewegen schienen als die überwiegende Zahl der Einzelmenschen. Beim Zugfahren, beim Einkaufen hatte ich zuvor nie wirklich bemerkt, wie viele Menschen mit Kinderwagen unterwegs waren und wie schwer es ihnen gemacht wurde, die Wege und die Verkehrsmittel in unseren Städten zu benutzen. Irgendwie war mir bis dahin eine ganze Population von Menschen entgangen, die sich an den Händen hielten, die beim Überqueren der Straßen ganz besonders achtsam und eigentlich gar nicht zu übersehen waren. Selbstverständlich hatten die vielen Kinder und Eltern, die auf einmal in meinen Blick gerieten und denen ich mich sofort verbunden fühlte, die ganze Zeit über mit mir zusammen gelebt. Aber wenn jetzt eine Frau mit Baby das Abteil betrat, eine Gruppe von Kindern auf dem Bürgersteig brav in Zweierreihe wartete, wenn ein Mann mit einem kleinen Kind auf seinen Schulten an mir vorbeiging, dann hatte ich plötzlich das Gefühl, das in der Welt, in der ich doch schon so lange lebte, noch eine zweite verborgene Welt existierte, die ganz anderen Regeln folgte und die eigentlich viel mehr Aufmerksamkeit verdiente, als es der Fall war. Jede Mutter, jeder Vater weiß, wie sehr sich die Wahrnehmung verändert, wenn man seine Umgebung nach der Nähe der Spielplätze einteilt, Cafés danach beurteilt, ob dort Spielzeug bereitsteht, wenn Baustellen, Lastwagen und Müllautos eine ganz andere Bedeutung bekommen, als sie früher hatten. Beim Hören der hellen Stimmen anderer Kinder, voller ungehemmter Freude oder aber quengelnd, beim Blick in das Gesicht liebevoller oder genervter Eltern weiß man sofort, was gerade geschieht. Familien sind mit Familien verbunden, in dem Glück, der Mühe und der Sorge, die Kinder bereiten. Die Art der Liebe, die Eltern ihren Kindern gegenüber empfinden, lässt sich in der Welt der Einzelmenschen nicht erfahren. Sie ist sowohl von der Liebe der Paare als auch von der Liebe zu sich selbst unterschieden. Je näher die Geburt unseres Sohnes rückte, desto deutlicher wurde uns bewusst, dass es neben dem Ich und dem Du bald etwas Drittes in unserem gemeinsamen Leben geben würde. Das

Besondere der Liebe zu einem Kind besteht darin, dass man mehr gibt, als man zurückbekommt. Man weiß von Anfang an, dass man irgendwann verlassen werden und trotzdem weiter lieben wird. Bemerkenswert ist, dass gerade das einen glücklich zu machen vermag.

Seit dem ersten Bericht des Club of Rome zu den Grenzen des Wachstums sind drei weitere erschienen. Obwohl sich manche Prognosen nicht bewahrheitet haben, vor allem bezüglich der Knappheit an Rohstoffen, blieb die Tendenz in allen drei Aktualisierungen die gleiche. Von den angenommenen Szenarien endeten nur wenige nicht mit dem Zusammenbruch der weltweiten Wirtschaft. Ab dem zweiten Bericht von 1992 gingen die Autoren sogar davon aus, dass die Grenzen in einigen Bereichen bereits überschritten sind und es nur noch darum gehen kann, die Folgen der Umweltzerstörung wenigstens einzudämmen. Das galt zum Beispiel für die Beschädigung der Ozonschicht. Zugleich stand gerade diese Problematik für die Hoffnung auf weltweite Lernprozesse. Das Gefühl der bevorstehenden Katastrophe, das die achtziger Jahre tief geprägt hatte, brachte zugleich eine starke ökologische Bewegung hervor, die für viele Probleme ein Bewusstsein schaffte. Zum ersten Mal stellten sich die gegenwärtigen Generationen die grundsätzliche Frage, in welchem Zustand sie die Erde ihren Nachkommen hinterlassen wollen. Gegen ökonomische Interessen und zunächst ohne politische Unterstützung gingen Tausende von jungen und alten Menschen auf die Straße, um eine ökologische Lebensweise einzufordern. Auch wenn sich seitdem sicher viel geändert hat, sind die Aktualisierungen des Berichts von 2004 und 2012 sogar noch düsterer ausgefallen. Ein Hauptproblem, mit dem sich die Autoren konfrontiert sehen, besteht in dem Zeithorizont, auf den sich die Prognosen und die Maßnahmen beziehen. Es ist schwierig, politisches Handeln auf eine Zukunft auszurichten, die mehr als das eigene Leben umfasst. Das liegt nicht zuletzt an der traditionellen Auffassung demokratischer Politik. Als gerecht gelten demokratische Entscheidungen dann, wenn sie von einer gegenwärtigen Mehrheit getragen werden und zugleich auf die unterlegene Minderheit zugegangen wird. Eine Einbeziehung der Bedürfnisse nachfolgender Generationen gibt es bislang nicht. Solange Kinder nicht erwachsen sind, spielen sie im politischen System kaum eine Rolle. Dabei stiften Kinder die Beziehung zu einer Zukunft, die weit über die eigene hinausgeht. Familien bilden den Ort, an dem diese Zukunft beginnt.

3. BERUFSALLTAG UND FAMILIENLEBEN

Mein Vater ist als junger Mann aus der DDR geflohen. Eines Nachts hat er heimlich die Wohnung seiner Eltern verlassen, ist zusammen mit einem Freund nach Ost-Berlin gereist und hat dort die Grenze überquert. Mehr als einen Koffer hatte er nicht dabei. An Wertsachen besaß er nichts. Weder seine Eltern noch sein Bruder wussten davon. Er hatte Angst, dass sie ihn von seinen Plänen abbringen würden. Er wollte unbedingt in den Westen, und damals bedeutete das für ihn Amerika.

Wenn mein Vater mir als Kind von seiner Flucht erzählt hat, stellte ich mir vor, wie es hätte sein können, wenn ich dort, im Land seiner Sehnsucht, aufgewachsen wäre. Ich habe ihn immer bewundert für seinen Mut, das tue ich auch heute noch, obwohl ich mir nun die ungeheuren Sorgen seiner Eltern vorstellen kann und wie schmerzhaft es für seinen Bruder gewesen sein muss, allein zurückzubleiben. Mein Vater war nie in Amerika. Er ist nicht im Land seiner Sehnsucht angekommen. In der BRD musste er zunächst in ein Sammellager und dann für einen niedrigen Lohn auf einem Bauernhof arbeiten. In dieser Zeit hat er gelernt, was es heißt, allein auf sich selbst gestellt zu sein. Der Westen war nicht freundlich zu ihm. Später hat er unter Tage gearbeitet, in einem Stollen tief unter der Erde, um Steinkohle zu fördern. Diese Arbeit war noch härter, und sie war gefährlich. Aber sie brachte auch mehr Geld. Zum ersten Mal in seinem Leben hatte mein Vater das Gefühl, über sich verfügen zu können. Er verdiente genug, um sich elegant anzuziehen und tanzen zu gehen. Und dann kamen wir. Erst meine Schwester, dann ich und schließlich mein Bruder. Alle drei mehr oder weniger gewollt.

Meine Mutter hat mir oft Fotos aus der Zeit gezeigt, in der sich die beiden kennengelernt haben. Sie arbeitete damals als Sekretärin bei einer kirchlichen Zeitung und hatte sich von ihrem Lohn eine Isetta gekauft. Wie gut mein Vater aussah. Als ich fünf Jahre alt war, sind wir in ein kleines Dorf am westlichen Rand der Republik gezogen. Meine Mutter stammte von dort. Es gab fünf Bauernhöfe, eine Kirche, einen Bolzplatz und einen unglaublich alten Kastanienbaum, auf den wir eigentlich nicht klettern durften. Von diesem Dorf aus ist mein Vater über dreißig Jahre lang jeden Tag in die gleiche Fabrik gependelt. Erst als einfacher Arbeiter, dann als Schichtführer und zuletzt als technischer Angestellter. Bis kurz vor seiner Rente hat er in wechselnden Schichten gearbeitet. Das hieß, eine Woche lang um vier aufstehen, zur Frühschicht, dann eine Woche lang um zwölf aufbrechen, zur Spätschicht, schließlich eine Woche lang abends gegen zehn zur Nachtschicht. Wechselschicht wurde noch besser bezahlt als Nachtschicht.

Morgens ganz früh aufstehen und am späten Nachmittag wieder nach Hause kommen, das mochte mein Vater am liebsten. Dann konnte er noch etwas machen. Wenn er die ganze Nacht gearbeitet hatte, durften wir nicht im Garten toben und schreien. An den Wochenenden und wann immer es ging, hat mein Vater an unserem Haus gebaut. Wir sind eingezogen, als die Wände noch roh waren und der Boden noch ohne Teppich und Fliesen. Alles, was man selbst machen konnte, hat mein Vater selbst gemacht. Er arbeitete unglaublich viel und diszipliniert. Abends trank er ein Bier, rauchte eine Pfeife und ärgerte sich über das Fernsehprogramm, bevor er meist früh zu Bett ging. Ich habe nie herausgefunden, was er gerne geschaut hätte. Wir haben selten ausführlich miteinander geredet. Eine Zeitlang habe ich mir sogar eingebildet, er hätte gar kein Inneres, nur einen zähen und gut trainierten Körper. Mehrmals hat er mir fast beiläufig und ohne Anlass den Rat gegeben, möglichst spät eine Familie zu gründen, aber in jedem Fall vorher etwas zu erleben. Denn dann sei das Leben vorbei. Ich habe das nie richtig verstanden damals. Heute weiß ich sehr genau, was er gemeint hat, und kann die ganze Traurigkeit empfinden, die in diesem Satz lag.

Meine Mutter war Hausfrau. Mit dem ersten Kind hat sie ihre Stelle aufgegeben und sich ganz der Familie gewidmet. Wir haben oft darüber gesprochen, dass sie eigentlich gerne ihr Abitur gemacht und studiert hätte. Aber das war ihrem Bruder vorbehalten. Für eine Frau musste eine einfache Ausbildung reichen. Sie hat die Wäsche gemacht und gekocht, manchmal zweimal am Tag. Sie hat das Haus sauber gehalten und sich um unseren Gemüsegarten gekümmert. Sie war immer da für uns Kinder. Meine Mutter war eine gute Hausfrau. Obwohl das Geld meistens knapp war, hat es uns nie an irgendetwas gemangelt. Morgens hat sie uns

geweckt, uns Sachen zum Anziehen herausgelegt, uns Frühstück und unsere Pausenbrote gemacht. Dann sind wir mit
dem Bus zur Schule gefahren. Wenn wir mittags wieder
zurückkamen, stand schon das Essen auf dem Tisch. Am
Nachmittag hat sie uns bei den Hausaufgaben geholfen. Im
Sommer, wenn wir draußen im Garten gespielt haben, ver-
sorgte sie uns mit Säften und Früchten. Ich kann mich nicht
erinnern, dass es bei uns irgendwann einmal still war, dass
keine anderen Kinder zu Besuch waren. Abends, wenn wir
schon im Bett waren, hat meine Mutter sich an ihre Schreib-
maschine gesetzt und Examensarbeiten für Studenten ge-
tippt, die dazu selbst nicht in der Lage waren. Und samstags,
wenn mein Vater nicht arbeiten musste, hat sie in einem
kleinen Lebensmittelladen in der Nähe unseres Hauses aus-
geholfen. So gab es immer ein bisschen Extrageld. Bei allem,
was wir uns vornahmen, hat unsere Mutter uns tatkräftig
unterstützt, selbst noch, als wir schon das Haus verlassen
hatten. Es war ihr wichtig, dass ihre Kinder studieren konnten. Wir sollten es einmal besser haben. Heute mag dieser
Satz wie eine Floskel klingen, aber für meine Eltern war er
ein Lebensprogramm, anstrengend und voller Verzicht. Und
für uns war es eine Lebenswirklichkeit. Dahinter stand eine
äußerst erfolgreiche Sozialpolitik, die es in diesem Umfang
heute nicht mehr gibt.

Meine Eltern gehören zu den typischen Aufsteigern in
der alten BRD. Obwohl sie über kein hohes Einkommen
verfügten, konnten sie etwas Geld zurücklegen, drei Kinder
großziehen und deren Ausbildung finanzieren. Sie konnten
ein Haus bauen und einen lang laufenden Kredit abzahlen,
ohne die Sorge haben zu müssen, sich zu übernehmen. Dass

mein Vater arbeitslos wurde, war unwahrscheinlich. Im Gegenteil, es gab reale Lohnzuwächse, und seine Arbeitsbedingungen verbesserten sich spürbar. Irgendwann musste er nur noch fünf Tage pro Woche arbeiten und hatte ein richtiges Wochenende mit seiner Familie. Bis in die neunziger Jahre hinein war es einem Industriearbeiter möglich, eine Familie zu ernähren. Es gab Gewerkschaften, und mein Vater wählte die SPD. Wir leisteten uns ein größeres Auto und fuhren in den langen Sommerferien ans Meer nach Dänemark. Am Wochenende unternahmen wir Ausflüge. Und jeden Herbst besuchten wir unsere Verwandten in der DDR, denen wir reich erschienen, obwohl wir das nicht waren. Meine Eltern, die beide aus einfachen Verhältnissen stammen, hatten es geschafft. Sie gehörten nun zur Mittelschicht und mussten sich in materieller Hinsicht keine Sorgen machen. Und auch wir Kinder hatten es geschafft. Wir kamen aus einer Arbeiterfamilie und gingen aufs Gymnasium. In der nächstgelegenen Kleinstadt war eine neue hochmoderne Schule eröffnet worden, die nicht humanistisch, sondern naturwissenschaftlich orientiert war. Das SPD-Gymnasium.

Wenige Jahre bevor mein Vater in Rente ging, verlor er dann doch noch seinen Arbeitsplatz. Der Computer hielt Einzug. Und meinen Vater weiterzubilden, lohnte sich für seinen Arbeitgeber nicht mehr. Es gab eine Vereinbarung zwischen dem Betrieb und dem Arbeitsamt, die ihm half, seinen Lebensstandard bis zur Rente zu halten. Unter heutigen Umständen wäre er erniedrigt aus dem Arbeitsleben ausgeschieden, hätte einen großen Teil seiner Rücklagen verloren und deutliche Abschläge bei seiner Rente hinnehmen müssen. Irgendwann hat mein Vater nicht mehr die SPD gewählt und angefangen, auf die Politiker da oben zu schimpfen, obwohl er zur letzten Arbeitergeneration gehörte, die noch soziale Sicherheit kannte.

Heute müssen in den meisten Familien, die sich durch Einkommen finanzieren, beide Elternteile in Vollzeit arbeiten. Viele halten das für einen Fortschritt. Dass Frauen nicht mehr zu Hause bleiben und sich ganz der Familie widmen, wird als Erfolg der Emanzipation verstanden. Tatsächlich ist die Zeit des männlichen Alleinverdieners vorbei. Und Frauen können ebenso wie Männer einen Beruf wählen, in dem sie sich verwirklichen können. Doch ein wirklicher Fortschritt wäre die Entwicklung dann gewesen, wenn sich Paare die Erwerbsarbeit und die Hausarbeit teilen könnten und insgesamt nicht mehr arbeiten müssten als vorher. Stattdessen hat sich die Arbeitszeit pro Familie verdoppelt, und die Familienarbeit, die nach wie vor geleistet wird und immer noch viel häufiger von den nun berufstätigen Frauen, kommt noch hinzu.

Eltern sind heutzutage einem enormen Stress ausgesetzt. Die Zeit ist immer zu knapp und das Geld trotzdem zu wenig. Bei Selbstverwirklichung denkt man an die erfolgreiche Ärztin, die ehrgeizige Anwältin, die selbstbewusste Managerin, die zusätzlich noch in der Lage ist, eine gute Mutter zu sein. Das Gleiche gilt für die Väter mit einem anspruchsvollen Beruf. Aber die meisten Menschen verwirklichen sich nicht in ihrem Beruf. Die meisten Menschen sind einfach gezwungen zu arbeiten, um Geld für sich und ihre Familie zu verdienen. Sie hatten nie die Möglichkeit, einen Beruf wirklich zu wählen. Die Zuwendung, die Kinder von ihren Eltern brauchen, verlangt viel Zeit und lässt sich nicht wegorganisieren. Gut verdienende Eltern kaufen diese Zuwendung, wenn sie durch ihren Beruf zu sehr in Anspruch genommen sind, um sie selbst leisten zu können. Aber Eltern, die über kein hohes Einkommen verfügen und trotzdem einen anstrengenden Arbeitstag haben, müssen damit leben, dass sie abends abgehetzt in der Kindertagesstätte ankommen, um ihre quengelnden Kinder abzuholen. Wen wundert es, dass unter diesen Umständen viele Familien scheitern. Meine Eltern hatten nicht viel Geld, vor allem nicht während des Hausbaus. Aber es war immer genügend Zeit für uns da. Wir wären niemals mit einem Loch in der Hose in die Schule geschickt worden, auf dem kein Flicken war.

Seit den neunziger Jahren hat es keinen sozialen Fortschritt gegeben. Und das hat einen einfachen Grund. Im 19. Jahrhundert hat der Reichskanzler Otto von Bismarck die erste Unfallversicherung für Arbeiter eingeführt und damit den Aufbau des modernen Sozialstaats eingeleitet. Er tat das nicht freiwillig. Die deutschen Arbeitervereine gewannen immer mehr Mitglieder und trugen ihre sozialen Forderungen immer selbstbewusster vor. Der soziale Friede und der politische Machterhalt waren gefährdet. Mit der Sozialgesetzgebung sollten aus den Arbeitern verlässliche Bürger werden, die im Sozialstaat ihre Schutzmacht sahen. Zum ersten Mal in der Geschichte wurde die soziale Sicherheit zu einem wichtigen Staatsziel, das sich nicht mehr ohne weiteres streichen ließ. Selbst die Nationalsozialisten kamen 1933 nur dadurch an die Macht, dass sie sich Forderungen der Arbeiterbewegung aneigneten. Und die soziale Marktwirtschaft wurde nach zwei Weltkriegen in dem Bewusstsein erschaffen, dass politische Stabilität ein hohes

Gut ist, dessen Erhalt im Interesse sowohl der Arbeitgeber als auch der Arbeitnehmer lag. Dass sich die soziale Lage der Arbeiter stetig verbesserte, die Arbeitszeiten abnahmen und die Arbeitslöhne stiegen, war während dieser Zeit nicht zuletzt dem ökonomischen Wettbewerb zweier Systeme geschuldet, die sich weltweit als Blockmächte unversöhnlich gegenüberstanden.

Ende 1991 zerfiel die Sowjetunion. Die kommunistische Drohung, die immer auch ein Grund war, den Arbeitern im Westen entgegenzukommen, war nun vorbei. Eine neue Epoche der Globalisierung begann. Das Ende der Ost-West-Konfrontation veränderte damit auch den Westen, der sich als Sieger des Kalten Kriegs empfand, auf dramatische Weise. 2001 trat China der Welthandelsorganisation bei. Die Auslagerung von Arbeitsplätzen in Länder mit deutlich niedrigeren Löhnen wurde in Gang gesetzt, die Gewerkschaften hatten dem kaum etwas entgegenzusetzen. Den politischen Druck, der seit dem 19. Jahrhundert viele soziale Verbesserungen bewirkt und schließlich zur Entstehung des Sozialstaats geführt hatte, gab es nicht mehr.

Seit den neunziger Jahren geht es nicht mehr um sozialen Fortschritt, sondern um die Anpassung des Sozialstaats an den globalen Wettbewerb. Denn dieser betrifft nicht nur Unternehmen, die sich im weltweiten Markt behaupten müssen, sondern ebenso Staaten. Attraktive Staaten ziehen mehr Kapital an als unattraktive. Aus der Gesellschaft wurden Standortbedingungen. Die Bürger wurden darauf trainiert, sich als Marktteilnehmer zu verhalten. Die Risiken, die früher der Sozialstaat abgeschirmt hatte, wurden privatisiert. Die Altersvorsorge soll in Eigenverantwortung geleistet werden. Gegen eine mögliche Berufsunfähigkeit soll sich jeder selbst versichern. Im Bedarfsfall übernimmt die Rentenkasse nur noch das Notwendigste. Was früher einmal soziale Sicherheit war, ist auf ein lebensnotwendiges Minimum reduziert worden. Weil der Staat plötzlich selbst dem Markt ausgeliefert erschien, mussten alle sozialen Systeme auf den Prüfstand. Das Ergebnis war ein umfassender Abbau von Sozialleistungen. Wer arbeitslos wird, dem bleibt nur wenig Zeit, bevor der Abstieg in die Unterschicht droht. In den neunziger Jahren zogen Heerscharen von Beratern durch das Land und formulierten neue Erziehungsziele, die jeden auf seine Rolle als Humankapital verpflichten sollen. Das betrifft keineswegs nur das Berufsleben. Aus der Sicht des Neoliberalismus, der seitdem unser Leben durchdrungen hat, gibt es bloß Individuen, die richtige oder falsche Entscheidungen treffen und daher im Hinblick auf ihre Gewinnmaximierung entweder Gewinner oder Verlierer sind. Ein entscheidender Effekt dieser Umerziehung besteht darin, dass sich die eigene Angst vor dem Abstieg oft in eine Abwehr gegen die verwandelt, die bereits abgestiegen sind oder niemals die Chance zum Aufstieg hatten. Wer unten ist, der hat vermutlich etwas falsch gemacht und ist aus gutem Grund unten. Die soziale Frage, die in der alten BRD gelöst erschien, wird kaum noch gestellt.

Als ich zum ersten Mal das Institut betrat, an dem ich den größten Teil meines Studiums zubringen sollte, dachte ich, alle Bücher lesen zu müssen, die dort an den Wänden und in den Räumen dicht aufgereiht waren. Ich befürchtete, dass die anderen einen enormen Vorsprung hätten, den ich womöglich niemals aufholen könnte. Noch im ersten Semester machte ich mir eine lange Liste mit Klassikern, die ich der Reihe nach lesen wollte. Ich war beeindruckt und zugleich eingeschüchtert. Wo ich herkam, gab es nicht viele Bücher. Ich hatte wohl Abitur gemacht, aber eine klassische Bildung besaß ich nicht. Zwar merkte ich, dass auch die anderen längst nicht so viel kannten, wie ich angenommen hatte. Oft reicht es zu wissen, was man wissen müsste, ohne es wirklich zu wissen. Aber den Vorsprung habe ich dennoch nie eingeholt, und das, obwohl ich meine Liste sorgfältig abgearbeitet habe. Es sind nicht unbedingt die Fähigkeiten, die einen unterscheiden. Selbst Geschmack lässt sich bis zu einem gewissen Grad erlernen. Sondern es ist tief in den Körper eingegraben, dass man nicht dazugehört. Meistens sind es nur kleine Gesten, die ich nicht beherrsche und an denen ich merke, dass ich ein Arbeiterkind bin. Wie etwa Tischmanieren. Um nicht aufzufallen, muss ich mich immer noch konzentrieren. Oder Unsicherheiten, die ich bei bestimmten Anlässen auch heute noch empfinde. Museen und Kunstgalerien waren für mich keine selbstverständlichen Orte, die ich von Kindheit an kannte. Umgekehrt wussten meine Eltern nun nicht, was ich an der Universität machte. Oft habe ich mich geschämt für sie, selten habe ich ihnen Freunde vorgestellt oder sie eingeladen, an meinem neuen Leben teilzuhaben. Ich hatte Angst, sie würden sich vielleicht unbeholfen benehmen. Dann hätten alle gesehen, wie unbeholfen ich selbst manchmal war. Meine Eltern konnten mich nicht dorthin begleiten, wo ich jetzt war. Die Väter und Mütter meiner Freunde waren Ärzte, Richter, Professoren. Heute schäme ich mich dafür, dass ich mich für meine Eltern geschämt habe. Menschen wie meine Eltern waren es, die wesentlich zur Erfolgsgeschichte der BRD beigetragen haben.

Gegenwärtig gibt es wieder eine breite Unterschicht, nur dieses Mal ohne Aussicht auf eine bessere Zukunft. Die Zeiten, in denen es nichts Besonderes war, dass Arbeiterkinder zur Universität gingen, sind vorbei. Aus der Arbeiterklasse sind prekär Beschäftigte geworden, die vereinzelt und ohne Beistand mit ihrem Schicksal zu kämpfen haben. Das Selbstbewusstsein der organisierten Arbeiterschaft gibt es nicht mehr. Mit der weitgehenden Entmachtung der Gewerkschaften ist auch die Fähigkeit nachhaltig beeinträchtigt worden, soziale Bedürfnisse und politische Forderungen überhaupt zu artikulieren. Wer sich ohnmächtig fühlt und isoliert ist, der verstummt mit der Zeit und kommt irgendwann nicht mehr vor. Die soziale Linke wurde durch eine kulturelle Linke verdrängt. Während sich soziale Politik bis dahin über die Nähe zu den Gewerkschaften definiert hat, standen jetzt kulturelle und sexuelle Vielfalt im Zentrum der politischen Aufmerksamkeit. Im Programm des Multikulturalismus spiegelten sich neue globale Erfahrungen wider, die nach dem Ende der weltweiten Teilung möglich wurden. Die neue Politik verstand sich noch immer als progressiv, doch ihre Zielgruppe bildeten nicht mehr die Benachteiligten, sondern die modernen Mittelschichten, die in weltoffenen Städten wohnten und denen die Globalisierung neue Bewegungsspielräume eröffnet hatte. Die Nation, die im 19. Jahrhundert erstmals die demokratische Gleichheit aller Bürger verkörpert hatte, wurde auf einmal etwas für Verlierer, die in der neuen Zeit urbaner Mobilität keinen Platz mehr fanden. Denn längst hat sich eine globale Mittelschicht herausgebildet, für deren Identität ein progressiver Lebensstil wichtiger ist als die Zugehörigkeit zu einer bestimmten Nation. Für die einen bedeutet Globalisierung offene Grenzen und unkompliziertes Reisen, für die anderen den drohenden Verlust des Arbeitsplatzes. Die einen denken bei multikultureller Gesellschaft vielleicht an eine internationale Schule, die anderen an ethnische Konflikte in einem sozialen Brennpunkt. Die Lebenswirklichkeiten gehen mehr und mehr auseinander. Wir Kinder sind ein Teil dieser neuen urbanen Mittelschicht, und unsere Eltern bewohnen noch immer das Familienhaus auf dem Land, in dem nun viele Zimmer leerstehen und in das keiner von uns nach ihrem Tod wieder einziehen wird. Die politische Geschichte des Aufstiegs, die ihre Lebensgeschichte war, wird sich in Zukunft nicht wiederholen.

Im Laufe seines Lebens ist mein Vater immer stummer geworden. Die Welt wurde ihm zunehmend unverständlich. Die Veränderungen in seinem Arbeitsumfeld missfielen ihm. Wenn er von der Arbeit zurückkam, beklagte er sich häufig über das Verhalten der Gastarbeiter, die schon damals keine mehr waren. Sie hätten keinen Respekt und würden die Toiletten verschmutzen. Er konnte nicht verstehen, warum man das zuließ. Ich sagte ihm, er sei ausländerfeindlich. Manchmal schrien wir uns an. Mein Vater war Mitglied der Gewerkschaft. Aber die Forderungen der Gewerkschaft gingen ihm mittlerweile zu weit. Ich erklärte ihm, dass sie doch in seinem Namen für seine Rechte kämpfen würden. Er schüttelte nur den Kopf. Irgendwann in seinem Leben wurde alles nur noch schlechter für ihn. Der Staat würde nur noch Schulden machen, und keiner wolle mehr arbeiten. Das könne nicht lange gut gehen. Er fand die Welt zu raffgierig und die Menschen zu unbescheiden. Mein Vater war es gewohnt, sehr sparsam zu sein und sein Geld nur für sinnvolle Dinge auszugeben. Er verachtete den Konsum und die neue Welt der Einkaufspassagen. Er hasste es, wenn man Geräte nicht reparieren konnte und gezwungen war, sich neue anzuschaffen. Er fand uns zu materialistisch. Etwas Neues zum Anziehen kaufte er sich nur widerwillig.

Einmal hat er mich in der Zeit meines Studiums besucht. Das Erste, was ihm auffiel, waren die vielen Ausländer, die in meinem Viertel lebten. Seine lauten Kommentare waren mir oft unangenehm. Häufig hat er die immer gleichen Sätze wiederholt, die umso kürzer ausfielen, je älter er wurde. Sich mit ihm zu unterhalten wurde kaum mehr möglich. Bis ich es schließlich aufgegeben habe. Vermutlich habe ich mir nie wirklich die Mühe gemacht, seine Welt zu verstehen. Ich habe sie einfach abgelehnt. Vielleicht wäre er nicht verstummt, wenn ihm jemand tatsächlich zugehört hätte. Ich habe mir eingeredet, dass ich vollkommen anders bin. Wir hatten kein gutes Verhältnis.

Seitdem ich selbst Vater geworden bin, spüre ich häufiger die Gegenwart meines Vaters in mir. Wenn ich zum Beispiel etwas in der Wohnung repariere oder aufräume, ist er plötzlich da. Mein Vater war immer ein sehr ordentlicher Mensch. Was immer er gemacht hat, er hat alle Arbeiten stets sorgfältig ausgeführt. Seine Werkstatt war immer sauber und aufgeräumt. Alles sollte griffbereit sein. Er hat mir beigebracht, jedes Vorhaben gründlich vorzubereiten und Werkzeuge anschließend zu reinigen und an ihren Platz zu legen. Mir gegenüber war mein Vater meistens sehr verschlossen. Er kam mir oft angespannt vor, als müsste er sich unglaublich anstrengen, um durchzuhalten. Nicht selten ist er laut geworden, wenn ich ihm nicht richtig zur Hand ging. Ich war ihm zu weichlich. Meine Schultern waren zu schmal. In seinen Augen hatte ich keine richtige Ausdauer. Wenn ich einen Einfall hatte, von dem ich ihn begeistern wollte, winkte er meistens ab und half mir schließlich doch. Manchmal kam es mir so vor, als sei ihm alles zu viel, das ganze Leben, das er mit uns führte. Oft hat er auf die Frage, was er sich denn zu seinem Geburtstag wünsche, geantwortet, dass er nur Ruhe brauche. Es ist ihm immer schwergefallen, mit uns zu sprechen. Dass er mich gefragt hat, wie es mir geht, kam selten vor. Wenn er mir nah sein wollte, dann hat er seine Hand in meinen Nacken gelegt. Beim Umarmen hat er mir oft viel zu heftig auf die Schulter geklopft. Auch später, als ich längst schon ausgezogen war, haben wir uns kaum unterhalten. Wenn wir miteinander telefonierten, fragte er häufig zuerst, ob mein Auto noch fahre. Ich habe lange gebraucht, um zu verstehen, dass das die Frage danach war, wie es mir geht. In den Momenten, in denen ich mich wie mein Vater fühle, kann ich die Last und die Verantwortung spüren, die er empfunden haben muss. Das hat zugleich etwas Schönes und Gespenstisches. Ich muss dann sehr genau überlegen, was von ihm ich in mir behalten will und was nicht.

Noch bevor unser Sohn geboren wurde, hatte ich mir fest vorgenommen, vieles anders zu machen als die Generation der Väter, unter denen ich aufgewachsen war. Ich wollte nicht abwesend sein, ich wollte meinem Sohn von Anfang an nah sein, ich wollte ihn berühren können, und ich wollte, dass er mich berühren konnte. Ich stellte mir vor, dass wir auch dann noch lange Gespräche führen würden, wenn er bereits ein junger Mann wäre und längst in einer ganz anderen Welt leben würde als ich. Aber zunächst musste ich feststellen, dass die neuen Väter, die von vielen Seiten gefordert und begrüßt werden, in unserem Alltag gar nicht vorgesehen sind. In fast allen Einrichtungen wird oft ausschließlich die Mutter angesprochen. Hebammen und Ärzte verhalten sich häufig, als wäre man als Vater nur zufällig anwesend und hätte in der nächsten Zeit sowieso nur wenig mit dem Kind zu tun. Das war in unserem Fall besonders absurd. Auch wenn wir es zunächst anders geplant hatten, war meine lange Elternzeit die beste Möglichkeit, die neue Vaterrolle einzuüben. Über viele Monate war ich tagsüber allein verantwortlich. Ich musste entscheiden, was es zu essen gab, was wir unternahmen und wann es Zeit für den Schlaf war. Für die meisten Mütter ist das nichts Besonderes, für viele Väter allerdings auch heute noch eine Ausnahmesituation. Dabei gehört die Hilflosigkeit, die man dabei erlebt, die eigene und die des Kindes, zum Wichtigsten, was man lernen kann. Doch selbst Freunde und Verwandte, die wussten, dass ich mich hauptsächlich um unseren Sohn kümmerte, haben ihre Nachfragen meistens an meine Frau gerichtet. Ich kam als Betreuer in ihrem Horizont nicht vor. Meine neue Vaterrolle musste ich mir erst erstreiten. Ich kann mich noch gut erinnern, als beim Babyschwimmen ein Vater, der gerade versuchte, seine Tochter zu wickeln, zu mir sagte, das sei doch eigentlich Frauenarbeit. Erst wollte ich ein Gespräch anfangen. Dann habe ich ihm geantwortet, dass er das schon noch lernen wird. Ich weiß, dass mein Vater mich nie gewickelt hat. Ich habe ihn gefragt. Das war in seiner Zeit nicht üblich. In meiner ist das anders.

In den anderthalb Jahren meiner Elternzeit wurde viel über Familienpolitik diskutiert und gestritten. Hausfrauen und Hausmänner wurden dabei häufig als rückständig dargestellt. Anerkennung gab es vor allem für Eltern, die beruflich erfolgreich sind und trotzdem noch Kinder großziehen. Nicht die Familienarbeit als solche wurde wertgeschätzt, sondern dass sie unter besonders schwierigen Umständen erbracht wurde. Mich wunderte es, wie leicht es manchen Politikern fiel, die sich selbst als progressiv betrachteten und sich ansonsten zu Recht gegen Diskriminierung einsetzten, Hausarbeit herabzusetzen. Es wurde viel über die neue Vielfalt von Familien gesprochen. Tatsächlich ging es aber um die Etablierung eines neuen Ideals, das offensichtlich darin bestand, dass möglichst beide Elternteile voll berufstätig sind. Die Vielfalt schloss das traditionelle Familienmodell der Nachkriegszeit explizit aus. Die politischen Programme, die es ermöglichen sollten, Beruf und Familie besser zu vereinbaren, zielten nicht auf mehr Zeit für die Familie ab, sondern auf mehr Zeit für den Beruf. Die überkommene Verteilung der Aufgaben zwischen Vätern und Müttern sollte dadurch überwunden werden, dass sich beide ganz der Erwerbsarbeit verpflichtet fühlen. Obwohl ich kein Gehalt bezog, hatte ich den Eindruck, eine ganze Menge an Arbeit leisten zu müssen, und zwar täglich, ohne Urlaubstage, ohne krank werden zu dürfen, ohne mich drücken zu können. Meine Tage waren genauso straff organisiert wie in meiner beruflichen Zeit, nur waren sie länger, und meine Freizeit war kürzer. Zwar wurde ich immer wieder dafür gelobt, dass ich als Mann so lange Elternzeit genommen hatte, manchmal verbunden mit leisen Bedenken, ob meine Entscheidung in beruflicher Hinsicht klug war. Aber ich wollte keinen Beifall für meine neue Rolle als Vater. Ich wollte Anerkennung für die Arbeit, die ich täglich verrichtete.

In den Monaten meiner Elternzeit haben meine Frau und ich die Möglichkeit genutzt, eine höhere und eine niedrigere Steuerklasse zu wählen. Schließlich war meine Frau nach dem Auslaufen des Elterngeldes Alleinverdienerin. Am Anfang fiel es mir nicht leicht, Ausgaben zu tätigen, die nur mich betrafen. Bis ich wirklich verstand, was es bedeutet, eine Familie zu sein: keinen Unterschied mehr zu machen zwischen Mein und Dein. Seit wir verheiratet sind, haben wir ein gemeinsames Konto und teilen alles. Ich finde es richtig, dass Lebensgemeinschaften, ob als Ehepaar oder Lebenspartner, die Möglichkeit einer gemeinsamen Besteuerung haben. Besser fände ich es allerdings, wenn das Ehegattensplitting zu einem Familiensplitting erweitert würde. Beim Ehegattensplitting wird das gesamte Haushaltseinkommen, unabhängig davon, von wem es erwirtschaftet wird, durch zwei geteilt, dann der Steuersatz ermittelt und die so errechnete Steuer verdoppelt. Auf diese Weise vermindert sich die Steuerlast der Lebenssituation entsprechend. Wenn jeder einzeln besteuert wird, kann das dazu führen, dass das Gehalt, das den größten Teil zum Haushaltseinkommen beiträgt, besonders hoch besteuert wird. Dass davon mehr als eine Person unterhalten wird, findet in diesem Fall kaum Berücksichtigung. Bei einem Familiensplitting würde das zu versteuernde Einkommen durch die Anzahl der im Haushalt lebenden Personen geteilt. Neben Kindern könnten so auch

Alte oder Kranke berücksichtigt werden, die in der Familie gepflegt werden. Die Individualbesteuerung geht davon aus, dass jeder für sich selbst verantwortlich ist, ob er nun mit anderen zusammen einen Haushalt bildet oder nicht. Die Möglichkeit, dass man tatsächlich gemeinschaftlich handelt und wirtschaftet, ist in diesem Modell nicht vorgesehen. Ein Familiensplitting dagegen würde die Familie als Wirtschaftsgemeinschaft ernst nehmen. Ob man nun dem traditionellen Familienmodell anhängt oder die Vielfalt der Familie schätzt, eine Familie ist immer eine Gemeinschaft, in der die eigenen Wünsche unmittelbar an die der anderen gebunden sind, auch in finanzieller Hinsicht. Eltern sind es gewohnt, sich zugunsten ihrer Kinder einzuschränken. Oft erleben sie ihren Verzicht nicht einmal als solchen. Sie freuen sich über die Freude, die das letzte Stück Schokolade auslöst, wenn es schnell in den kleinen Mund geschoben wird. In den letzten beiden Jahrzehnten sind wir alle dazu aufgefordert worden, immerzu *ich* zu sagen und dieses Ich an die erste Stelle zu setzen. Vielleicht gehört die Familie zu den wenigen verbliebenen Lebensbereichen, in denen man das Gegenteil lernen kann.

Leider hat auch meine Partei dazu beigetragen, die familienpolitische Diskussion auf die Kinderbetreuung außerhalb des Haushalts zu verengen. Ich bin Mitglied der SPD. Manchmal kann man den Eindruck haben, das Ziel der Familienpolitik bestehe darin, Bedingungen zu schaffen, unter denen sich Eltern so verhalten können, als hätten sie keine Kinder. Die einflussreichen Studien zur Familienpolitik werden überwiegend von Wirtschaftswissenschaftlern verfasst. Die Situation von Eltern und Kindern wird dabei meist aus der Perspektive des ökonomischen Neoliberalismus beschrieben. Im Vordergrund steht in der Regel das Erwerbsleben der Eltern, das durch die Kinder möglichst wenig beeinträchtigt werden soll. Und Kinder erscheinen als Kosten, die man bereit ist zu tragen, weil man sich davon etwas verspricht oder auch nicht. In den dominanten ökonomischen Modellen gibt es keine höhere Ebene als das rational kalkulierende Individuum, das seine Entscheidungen nach den Prinzipien der Gewinnmaximierung trifft. Wenn es alle Informationen besitzt, die für seine Entscheidung wichtig sind, dann wird es demnach auch die richtige Entscheidung treffen. Unter dem Einfluss des Neoliberalismus wurde dieses Modell über den Markt hinaus auf alle Lebensbereiche ausgeweitet. Die Familie als eigenständige Größe kommt in diesem Modell nicht vor. Jeder handelt vereinzelt als rational kalkulierendes Individuum und in diesem Sinne zu jeder Zeit marktwirtschaftlich, egal wie man lebt und mit wem man zusammenlebt. Die Parameter der aktuellen Wirtschaftswissenschaft, denen nicht nur das Wirtschaftsministerium, sondern ebenso das Familienministerium vertraut, beruhen auf einem Menschenbild des 18. Jahrhunderts, bei dem der Egoismus des Einzelnen als Wohltat für die Gemeinschaft verstanden wird. Die Frage, wie wir zusammenleben wollen und ob es ein höchstes Gut gibt, dem wir alle nachstreben, braucht aus dieser Sicht nicht mehr beantwortet zu werden. Wissenschaftliche Studien darüber, wie sich das soziale Gefüge verändern würde, wenn Kinder einen bedeutenderen Platz in unserem Leben einnehmen und unser Verhalten stärker beeinflussen würden, gibt es viel zu wenige. Statt die Familien der Marktwirtschaft anzupassen, sollten wir uns die Frage stellen, was die Marktwirtschaft von der Familie lernen kann.

In der Mitte der fünfziger Jahre begannen die Gewerkschaften ihren Kampf um die Einführung der Fünftagewoche. Die Losung, unter der die Kampagne damals stand, hat sich in das politische Gedächtnis der BRD eingeprägt: *Samstags gehört Vati mir*. Dem zumeist männlichen Alleinverdiener sollte es möglich sein, das Wochenende mit seiner Familie zu verbringen. Zehn Jahre später wurde die 40-Stunden-Woche ausgehandelt, und das bei vollem Lohnausgleich. Seit den neunziger Jahren hat sich die Tendenz zu kürzeren Arbeitszeiten in ihr Gegenteil verkehrt. Die meisten Menschen arbeiten nicht weniger, sondern wieder mehr. Darüber hinaus ist der Druck, immer mehr Leistung zu bringen, deutlich gestiegen. Häufig verschwimmen die Grenzen zwischen dem beruflichen und dem privaten Leben. Oft wird zusätzliche Arbeit zu Hause und an den Wochenenden erledigt. Manche sind sogar stolz darauf, dass sie eigentlich gar keine Zeit mehr für sich haben. Sie halten es für bewundernswert, dass sie ihr gesamtes Leben der Karriere widmen, und setzen die unter Druck, die ihrer Meinung nach nicht den vollen Einsatz zeigen. In dieser Konkurrenz können Eltern kaum mithalten. Die Hoffnung, dass aus der Fünftagewoche einmal eine Viertagewoche werden könnte, hat sich nicht erfüllt.

Dabei hatte der gewerkschaftliche Einsatz für die 40-Stunden-Woche nicht nur mehr Freizeit für den Einzelnen zum Ziel. Es ging auch um den Anfang einer anderen Gesellschaft, in der das soziale Gefüge nicht mehr in erster Linie durch die Erwerbsarbeit des Einzelnen bestimmt wird.

Bereits im 19. Jahrhundert waren die Arbeiterkämpfe nicht allein auf bessere Bedingungen und höhere Löhne ausgerichtet. Die Solidarität, die in den gemeinsamen Aktionen entstanden war, sollte auch in Zukunft erhalten und gelebt werden. Die neue Gesellschaft sollte nicht mehr aus einer Ansammlung von Egoisten bestehen. An die Stelle der Fabriken und ihrer Eigentümer sollten Genossenschaften treten, in denen jeder ein Mitspracherecht hat. Demokratie sollte nicht allein auf das politische Wahlrecht beschränkt sein, sondern im sozialen und wirtschaftlichen Leben eine bedeutende Rolle spielen und erfahrbar werden. Nicht das einsame Individuum mit seinen Interessen und Forderungen sollte im Zentrum stehen, sondern die Lebensgemeinschaft, in die jeder zu jeder Zeit eingebettet ist. Für die Arbeiterbewegung war das Leben in der Gemeinschaft, in der Familie, im Verein und als Genosse wichtiger als die individuelle Freiheit. Heute ist die Vorstellung des Individuums, das seine soziale und sexuelle Identität allein aus sich selbst heraus wählt, zum kulturellen Leitbild geworden. Auch das Familienleben ist durch die zunehmende Individualisierung stark verändert worden.

Als unser Sohn vierzehn Monate alt war, haben wir ihn in der Kita betreuen lassen. Zunächst für nur drei Stunden am Tag. Die Eingewöhnung war schwieriger, als ich gedacht hatte. In den ersten beiden Wochen habe ich für jeweils eine Stunde in der Ecke des Raums ganz still auf einem kleinen Stuhl gesessen und den Kindern beim Spielen zugeschaut. Dann habe ich mich für zehn Minuten verabschiedet, dann für eine halbe Stunde, dann für eine ganze und schließlich bis zum Mittag. Die Tränen beim Verabschieden wurden immer weniger. Und als ich irgendwann unseren Sohn draußen auf dem Spielplatz sah, wie er zufrieden mit seinem Eimerchen im Sand saß, musste ich weinen. Uns war es wichtig, den Übergang zum ganztägigen Besuch der Kita möglichst behutsam zu gestalten. Erst für einige Monate nur ein paar Stunden am Vormittag, dann bis nach dem Mittagsschlaf und schließlich bis zum späten Nachmittag.

Vielen Eltern ist das nicht möglich. Der berufliche Druck auf Familien ist in den letzten Jahrzehnten deutlich gestiegen. Eltern wird nahegelegt, so schnell wie möglich wieder zu arbeiten. Ich finde es gut, dass Kinder mit anderen Kindern aufwachsen, weil sie so etwas lernen können, was ihre Eltern ihnen nicht beibringen können. Kindheit ist ein sehr hohes Gut, das es noch nicht lange gibt und um dessen Fortbestand es sich zu kämpfen lohnt. Die gegenwärtigen Versuche, die Kindheit wie das Leben von Erwachsenen zu organisieren, übergehen den Umstand, dass Kinder ein völlig anderes Zeitempfinden haben. Manchmal brauchen wir viel Zeit zum Anziehen. Manchmal geht es schnell. Manchmal aber muss direkt vor dem Aufbruch noch dringend eine Höhle gebaut werden. Oft ist die Windel gerade dann voll, wenn es am wenigsten passt. Wenn es auf dem Weg zur Kita etwas Spannendes zu sehen gibt, hilft es nicht, darauf hinzuweisen, dass wir es eilig haben. Kindern fällt es schwer, etwas auf später zu verschieben. Sie leben noch in Augenblicken, der nächste Morgen kann sehr weit weg sein, die Eindrücke von einem Ausflug vor Monaten sind aber auf einmal ganz gegenwärtig. Ihre Erinnerung ist noch nicht zeitlich geordnet. Tief versunken sein und richtig rumtrödeln ist vermutlich etwas, das nur Kinder können.

Meine Rückkehr ins Berufsleben war schmerzlich. Unser Sohn hat es mir übelgenommen, dass ich nicht mehr jederzeit für ihn da war. Auf einmal erschien ich nicht mehr als verlässlich, was ich doch über Monate für ihn gewesen war. In den ersten Wochen nach meinem Wiedereinstieg wollte er sich nicht mehr von mir ins Bett bringen lassen. Das hat mir sehr zugesetzt. Ich arbeite als Wissenschaftlicher Mitarbeiter an einer Universität und muss zu meinem Arbeitsplatz pendeln. Die Fahrtzeit ist zu lang, um abends wieder nach Hause zu kommen. In der Regel bin ich von Mittwoch bis Freitag vor Ort, an den anderen Tagen arbeite ich von zu Hause aus. Die ersten Nächte in meinem Exil waren schwer. Es fühlte sich an, als hätte ich ihn einfach im Stich gelassen. Ich machte mir Vorwürfe, nicht bei ihm sein zu können, falls ihm irgendetwas zustoßen sollte. Wenn meine Frau mir erzählte, dass er immer wieder wissen wollte, wo Papa denn ist, wurde mir das Herz eng. An vielen Tagen habe ich meinen Sohn vermisst, sehr sogar. Manchmal fühlte es sich an wie ein körperlicher Schmerz. Oft habe ich mir dann vorgestellt, wie ich ihn in meine Arme schließen würde, wenn ich am Wochenende endlich wieder zu Hause wäre. Aber meistens mussten wir uns erst wieder aneinander gewöhnen. Er musste mir verzeihen, dass ich nun so lange weg war. In dieser Zeit wendete er sich von mir ab und meiner Frau zu. Manchmal fühlte ich mich dann überflüssig. Und ich konnte zum ersten Mal nachvollziehen, wie es vielen Vätern früher ergangen sein musste, die niemals die Chance hatten, eine starke Bindung zu ihren Kindern aufzubauen, die vielleicht insgeheim neidisch waren auf ihre Frauen. Ich jedenfalls war es. Und ich habe viel dafür getan, die Nähe zu meinem Sohn wiederzufinden.

In beruflicher Hinsicht war meine Elternzeit ein Nachteil. Darüber habe ich mir nie Illusionen gemacht. Die eineinhalb Jahre wurden nicht auf meinen Zeitvertrag angerechnet. Ich habe keine Beiträge in die Rentenversicherung eingezahlt. In meinem Lebenslauf gibt es eine Lücke, ich habe nicht unterrichtet, keine Konferenzen besucht und keine Aufsätze publiziert. Aus Sicht des Arbeitgebers bin ich einfach nur älter geworden, ohne irgendetwas geleistet zu haben. Bei Bewerbungen ist das ein Minuspunkt. Der ideale Arbeitnehmer ist immer noch der Einzelmensch, der jederzeit über sich verfügen kann. Zahlreiche Kollegen haben meine Entscheidung so verstanden, als hätte ich eine Wahl zwischen Karriere und Familie getroffen. Bei einer Frau wird das von den meisten als unvermeidlich angesehen, bei einem Mann als eine explizite Absage an die berufliche Zukunft gedeutet. Dazu kommt, dass im Berufsalltag kaum Rücksicht auf das Familienleben genommen wird. Viele Universitäten bezeichnen sich als familienfreundlich. Das bedeutet meistens, dass sie eine Kita unterhalten, die zur Betreuung von Kindern für ein paar Stunden im Monat in Anspruch genommen werden kann. Mir half das nichts. Oft werden Konferenzen am Samstag abgehalten oder auf Feiertage gelegt. Die Veranstalter gehen davon aus, dass dann jeder teilnehmen kann. Viele Kollegen verstehen nicht, dass man mit Kindern nicht mehr so flexibel ist, dass man das Wochenende nicht zu seiner Verfügung hat, dass die Arbeitszeit durch die Familienzeit begrenzt wird. Sie ahnen nicht, welchen Aufwand es bedeutet, Abendtermine wahrzunehmen. Zwischen Eltern und Nicht-Eltern gibt es einen tiefen Erfahrungsabgrund. Auch für mich war es früher selbstverständlich, am Wochenende zu arbeiten. Stress hatte nicht selten etwas Aufregendes. Jetzt fühle ich mich oft abgehetzt, stets im Verzug und manchmal auch abgehängt. Trotzdem habe ich meine Entscheidung niemals bereut.

Auch im Berufsalltag musste ich mir meine neue Vaterrolle erst erkämpfen. Dass Mütter sich nach ihren Kindern sehnen, wird allgemein angenommen und auch gutgeheißen. Wenn sie es nicht tun, gelten sie als Rabenmütter. Einen Ausdruck für Väter, die nicht viel Zeit mit ihren Kindern verbringen, gibt es nicht. Bei Vätern geht man im Gegenteil davon aus, dass sie ganz froh darüber sind, wenn sie gelegentlich davon abgehalten werden. Vor allem wenn die Kinder klein sind, wird die Sorge um sie grundsätzlich der Mutter zugerechnet. Väter kommen für diese Rolle nicht in Frage. Daher fehlen ihnen auch die Sätze und die Gesten, um ihre Gefühle auszudrücken.

So wie Frauen traditionell auf das Haus festgelegt sind, werden Männer immer noch auf das Verlassen des Hauses verpflichtet. Es kam vor, dass meiner Frau nahegelegt wurde, nach Hause zu ihrem Kind zu gehen, obwohl ich dort mit ihm war. Umgekehrt ist das nie vorgekommen. Mich hat nie jemand gefragt, ob ich vielleicht etwas früher gehen möchte, um bei meinem Sohn sein zu können. Es hat etwas gedauert, bis ich selbstbewusst genug war, um bei Terminabsprachen meine familiären Aufgaben beim Namen zu nennen. Ein Arzttermin mit meinem Sohn zum Beispiel, ein Kindergeburtstag, oder dass ich dienstags prinzipiell nicht kann, weil meine Frau dann ihren freien Abend hat. Ich habe mir keine Ausreden mehr einfallen lassen, wenn ich mich beeilt und einen früheren Zug genommen habe, um meinen Sohn noch ins Bett bringen zu können. Ich habe ein Bild von meiner Frau und meinem Sohn auf meinen Schreibtisch gestellt und mir die Gefühle gestattet, die von Müttern geradezu verlangt werden. Ich habe es mir erlaubt, so oft wie möglich meinen Sohn zu erwähnen, auch wenn ich anderen damit bestimmt auf die Nerven gegangen bin.

Seitdem wir beide in Vollzeit arbeiten, ist unser Leben durchorganisiert. Wir stehen in der Regel morgens um sechs Uhr auf. Wenn alles gut läuft, sind wir geduscht, bevor unser Kleiner aufwacht. Dann bereitet meine Frau unser Frühstück, während ich die Sachen für die Kita packe. Meistens hilft unser Sohn, den Tisch zu decken. Wir finden es wichtig, wann immer es geht, gemeinsam zu essen. Wenn ich von zu Hause aus arbeite, bringe ich unseren Sohn in die Kita und hole ihn am späten Nachmittag ab. Er soll nicht länger als acht Stunden dort sein. Auch abends versuchen wir, gemeinsam zu essen, wenn es möglich ist. Um acht Uhr ist es Zeit für unseren Sohn, ins Bett zu gehen. An den Tagen, an denen ich nicht da bin, muss meine Frau alles alleine stemmen, den Morgen, den Abend und ihren Arbeitstag dazwischen. Manchmal, wenn meine Frau einen Abendtermin hat, lassen wir unseren Sohn von einer Freundin abholen. Vieles wäre anders, wenn meine Eltern oder die meiner Frau uns unterstützen könnten. Aber sie leben zu weit weg. Seit einiger Zeit muss meine Frau alle zwei Wochen für ein oder zwei Tage auf Dienstreise. Wir haben Glück, es handelt sich meistens um den Montag und den Dienstag. Dann bin ich in der ersten Hälfte der Woche für unseren Sohn allein verantwortlich und meine Frau in der zweiten. In solchen Wochen sehen wir uns nur an einem Abend und müssen die bevorstehenden Tage frühzeitig und genau besprechen. Am Samstag erledigen wir den Einkauf und kümmern uns um die Wohnung. Am Sonntag ist Familientag. Dann machen wir Ausflüge. Zeit zu zweit haben wir selten. Meistens sind wir schon froh, wenn nichts dazwischenkommt, wenn alles gut läuft. Aber das ist die Ausnahme. Es kommt immer etwas dazwischen.

Häufig wird gestressten Eltern der Rat gegeben, alles sei nur eine Frage der Organisation. Wir sind gut organisiert. Nur fügt sich unser Sohn nicht immer in die Pläne ein, die wir gerade verfolgen. Es gibt Tage, an denen geht alles schief, da ist die Laune schon morgens nach dem Aufstehen so schlecht, dass das Anziehen, das Zähneputzen und das Frühstücken zu einem großen Drama werden. An solchen Tagen bin ich manchmal derart erschöpft, dass ich mich schon nachmittags auf das Einschlafen freue, wenn alles still ist, wenn keiner mehr quengelt und ich ein paar Momente für mich allein habe. Und es gibt Krankheiten. Wenn wir abends bemerken, dass unser Sohn erhöhte Temperatur hat, steigt Panik auf. Im Kopf gehen wir bereits alle Termine durch, die sich verschieben lassen. Nur wer schon einmal einige Tage mit einem kranken Kind verbracht hat, kann eine Vorstellung davon haben, welche Anstrengung damit verbunden ist, körperlich und psychisch, und wie schwer es ist, die Schmerzen des eigenen Kindes zu ertragen.

Regelmäßig kann man Porträts von Supereltern lesen, die mehrere Kinder großgezogen und nebenbei noch eine beeindruckende Karriere gemacht haben. Beim Lesen solcher Geschichten komme ich mir immer vor wie ein Wurm, der schon von einem Kind überfordert ist und abends völlig erledigt in sein Bett kriecht. Selten werden die Bedingungen solcher Lebensläufe genannt, die vor allem mit den finanziellen Mitteln zu tun haben, die es erlauben, die Hausarbeit auszulagern und eine individuelle Kinderbetreuung zu bezahlen, die immer dann greift, wenn die Eltern keine Zeit haben. Was als progressiv gilt, ist in Wirklichkeit die Wiederkehr eines Familienmodells des gehobenen Bürgertums des 19. Jahrhunderts. Für Eltern aus diesem Milieu war es selbstverständlich, Kinder frühzeitig in die Obhut von Ammen zu geben. Kinder hatten oft eine stärkere Beziehung zu ihren Betreuerinnen als zu ihren Eltern. Auf diese Weise wird die Chance vertan, dass Kinder uns und unsere Welt verändern. Manchmal kommt es vor, dass unser Sohn nicht in die Kita will. Dann umarmt er mich und verschränkt seine kleinen Hände hinter meinem Hals, so fest er nur kann. In diesen Momenten würde ich ihn am liebsten ebenfalls festhalten, mir freinehmen und den Tag mit ihm verbringen.

Im Zuge der hitzig geführten Debatte zum Ausbau der Kinderbetreuung wurde häufig auf die DDR als historisches Vorbild hingewiesen. Selbst Wirtschaftsverbände, die ansonsten nichts Gutes über den untergegangenen Staat zu sagen haben, lobten das sozialistische Regime in dieser Hinsicht. Ich war verblüfft, wie politisch naiv und bedenkenlos derartige Urteile abgegeben wurden. Die Kinderbetreuung in der DDR hatte ihren Grund nicht in der Sorge um das Wohl der Kinder. Der Einfluss der Eltern auf die Erziehung sollte so gering wie möglich gehalten werden. Die Verstaatlichung betraf nicht nur die wirtschaftliche Produktion und die Eigentumsverhältnisse, sondern das öffentliche Leben insgesamt. Je früher Kinder unter die Obhut staatlicher

Einrichtungen kamen, desto erfolgreicher verlief die Umsetzung der angestrebten Erziehungsziele.

Kinder sind deutlich leichter zu beeinflussen als Erwachsene. Sie kennen nur die eigene Gegenwart. Der Zusammenhalt, der Familien auszeichnet, hat aus politischer Sicht stets etwas Widerständiges. Je vereinzelter Menschen sind, desto leichter ist es, ihre Gefügigkeit sicherzustellen. Historisch gesehen, hat sich der moderne Staat überhaupt nur aufgrund des weitgehenden Zerfalls der großen Familienverbünde durchsetzen können. Erst als die Familien kleiner wurden und die Bindungen der Verwandtschaft schwächer, konnte der Staat zu einer umfassenden Macht werden, die ihre Gewalt auf Grundlage der unpersönlichen Ordnung des Rechts ausübt. Die Familie bildet dagegen einen Raum der Nähe, der nicht durch Gesetze geregelt wird. Ihr Band sind Gefühle. Und diese sind nicht selten Zumutungen, die keine andere Gemeinschaft aushalten würde. Vielleicht ist die Familie die existenzielle Gemeinschaft schlechthin. Zum Programm des Sozialismus gehörte von Anfang an, die starken Bindungen der Familie aufzulösen. Der neue Mensch sollte keine Herkunft haben und sich allein auf seine Potenziale und seine Zukunft beziehen. Das ist nicht gelungen. Die DDR gibt es nicht mehr. Aber die Familien, die in dieser Zeit gegründet wurden, leben in ihren Kindern fort.

Auch die Emanzipation der Frauen war den Entscheidungsträgern in der DDR weniger wichtig, als es auf den ersten Blick erscheinen könnte. Zwar waren tatsächlich mehr Frauen berufstätig als in der BRD. Aber in den politischen und wirtschaftlichen Hierarchien fanden sich nur wenige Frauen. Wichtig war die Einbeziehung der Frauen ins

Berufsleben vor allem aus wirtschaftlichen Gründen. In den Aufbaujahren, aber auch danach, unter den Bedingungen der Ost-West-Konfrontation, stand die DDR unter einem enormen Druck zu beweisen, dass sie das bessere Deutschland war. Dazu gehörte nicht bloß das politische Selbstverständnis, ein antifaschistischer Staat zu sein, der sich einer neuen Friedenspolitik verpflichtete, sondern auch der sichtbare Nachweis, dass eine staatlich geplante Wirtschaft erfolgreicher war als der Kapitalismus des Westens. Als ein Argument der Überlegenheit galt immer die Zahl der Arbeitslosen in der BRD, die bei jeder Krise anstieg. In der DDR gab es keine Arbeitslosen. Der Fünfjahresplan sollte die Zyklen des Wirtschaftswachstums überwinden. Aber er war genauso sehr dem Wachstum verpflichtet, wie die BRD auf das Bruttosozialprodukt fixiert war. Im sozialistischen Regime hatte nicht nur jeder eine Arbeit, es musste auch jeder eine haben. Um im Wettlauf der Systeme mithalten zu können, wurden auch die Frauen gebraucht. Werktätig zu sein gehörte zu den sozialistischen Imperativen, die keine Ausnahme duldeten.

Auch gegenwärtig erleben wir wieder eine ideologische Überhöhung der Erwerbsarbeit. Arbeitsbedingungen, die vorhersehbar auf eine Selbstausbeutung hinauslaufen, werden als selbstbestimmt hingestellt. Es wird von Kreativität und Flexibilität gesprochen, um die oft brutalen Zwänge zu verdecken, denen viele prekär Beschäftigte ausgesetzt sind. Unter der Maßgabe, das Wachstum unbedingt steigern zu müssen, wird mit allen Mitteln versucht, das Maximum herauszuholen. Das sozialistische Regime gehörte der gleichen ökonomischen Epoche an wie das kapitalistische. Eine neue

Gesellschaft hingegen müsste auch mit einer neuen Auffassung von Arbeit einhergehen.

Das Haus wird zunehmend leerer. Die Eltern gehen frühmorgens zur Arbeit und kehren erst abends wieder heim. Die Kinder besuchen die Kita oder die Schule. Nachmittags gehen sie in den Hort. Auch sie kommen dann erst zum Ende des Tages wieder nach Hause. Jeder macht sich getrennt auf seinen Weg und kommt alleine zurück. Tagsüber ist das Haus verwaist. Manchmal wird es gereinigt, von einer Putzfrau oder einem Putzmann. Die Betten werden frisch bezogen. Die Mülleimer werden geleert. Dann wird die Haustür wieder abgeschlossen. Und es ist still. Abends fragen sich die Eltern gegenseitig, wie ihr Tag war, was es an Neuigkeiten gibt. Die Kinder erzählen, was sie erlebt haben, mit wem es Streit gab, ob es doof war in der Kita oder in der Schule. Früher war das Haus gleichbedeutend mit der Familie. Es war der Ort, an dem man zusammen lebte und arbeitete. Das Haus war ein Hof, oder es befanden sich dort die Räume des Handwerks, des Handels. Oft lebten drei Generationen darin zusammen. Heute ist das Haus nur noch am Wochenende so belebt, wie es früher jeden Tag war. Dabei ist noch gar nicht so lange der Fall, dass die Menschen ihre Zeit überwiegend außer Haus verbringen und dorthin nur zurückkehren, um es erneut zu verlassen. Familienarbeit und Erwerbsarbeit gingen früher oftmals ineinander über. Die Arbeit diente dem Leben, meist dem Überleben. Sie war mit Sicherheit nicht einfacher als in unseren Zeiten. Heute müssen sich Familien absprechen und abstimmen, um Zeit miteinander verbringen zu können. Es gibt Dienstleistungen für die Betreuung der Kinder und die Pflege der Alten und für die Aufgaben im Haus, die uns lästig sind. Was wir heute unter Arbeit verstehen, ist fast nur noch Erwerbsarbeit, die umso mehr gilt, je mehr dafür bezahlt wird. Trotzdem wird es immer Arbeit geben, die sich nicht in Erwerbsarbeit über-setzen und auslagern lässt, die nicht in Geld ausgedrückt werden kann und die dennoch zwingend geleistet werden muss, bislang überwiegend von Frauen. Auch diese Arbeit dient dem Leben, sogar dem Überleben aller. Sie wird jeden Tag verrichtet und bleibt dennoch oft unsichtbar. Und sie gilt kaum etwas. Das müssen wir in Zukunft ändern.

4. FEMINISMUS UND FAMILIE

Wir hatten Glück. Als unser Sohn zur Welt kam, wurden in unserem Umfeld überraschend viele Kinder geboren. Paare, bei denen wir niemals damit gerechnet hätten, hatten offenbar zur gleichen Zeit die gleiche Entscheidung getroffen. In unser Haus zogen mehrere Familien mit kleinen Kindern ein. Der Austausch mit Freunden, die ebenfalls gerade Väter oder Mütter geworden waren, wurde ausgeprägter. Oft lernte ich sie von einer ganz neuen Seite kennen und war manchmal erstaunt über die plötzliche Nähe, die ich schon längst verloren geglaubt hatte.

Nicht selten stammen unsere Freunde noch aus der Zeit der Schule oder der Ausbildung. Neue Freunde haben oft etwas mit unserem Beruf zu tun. Eltern dagegen befreunden sich mit anderen Eltern, nur weil sie in der gleichen Situation sind, das gleiche Glück und die gleichen Probleme haben. Wenn unser Sohn einen neuen Freund in der Kita findet, ist es ziemlich wahrscheinlich, dass wir die Eltern ebenfalls besser kennenlernen. Seitdem wir eine Familie sind, ist unser Umfeld deutlich vielfältiger geworden. Während unsere Freunde früher häufig einem bestimmten Muster entsprachen, fühlen wir uns jetzt auch Menschen verbunden, mit denen wir früher nicht viele Gemeinsamkeiten empfunden hätten. Ansichten über Filme, Kunst oder Politik sind nicht mehr ganz so wichtig wie die Frage, ob wir etwas zusammen unternehmen können, ob es kompliziert oder unkompliziert ist, in großer Gruppe unterwegs zu sein. Für Nicht-Eltern in unserem Freundeskreis sind unsere neuen Rhythmen nicht immer leicht nachzuvollziehen. Wir verlassen die Party, wenn andere gerade erst ankommen. Statt zum Abendessen verabreden wir uns lieber zum Frühstück. Eigentlich hängt alles, was wir in unserer Freizeit tun oder auch nicht tun, in irgendeiner Weise mit unserem Sohn zusammen. Sicher haben wir auch manche Freunde verloren. Ihnen gefiel unser neues Verhalten nicht. Oder wir mussten zu oft bereits getroffene Verabredungen wieder absagen. Manchmal sind uns die Abende zu zweit oder die Wochenenden zu dritt auch einfach wichtiger. Zugleich gibt es jetzt sehr viel mehr Menschen in unserem Viertel, die ich täglich grüße, auf dem Weg zur Kita und wieder zurück, beim Einkaufen, auf dem Spielplatz. Mit Kindern ist man nicht mehr in der ganzen Welt zu Hause, sondern lebt in einem viel kleineren Umkreis, dort aber wesentlich eingebundener.

Was uns bei allen Veränderungen aber immer wieder verblüfft, ist die Selbstverständlichkeit, mit der viele Paare die Familienarbeit auf eine bestimmte Weise aufteilen. Auch in Fällen, in denen beide sich unglaublich auf das Kind gefreut haben, sind es überwiegend die Frauen, die nach dem Mutterschutz für ein Jahr oder länger Elternzeit nehmen und sich der täglichen Fürsorge widmen. Selbst Paare, die wir vorher als gleichberechtigt wahrgenommen hatten, verhielten sich auf einmal äußerst traditionell. Die Gründe dafür waren verschieden. Der höhere Verdienst des Mannes

94

etwa. Die Karriere, die keine längere Unterbrechung erlaubt. Die stärkere Bindung der Mutter zum Kind. Aber letztlich lief es doch stets auf das Gleiche hinaus: Die Arbeitsteilung zwischen Mann und Frau, wie sie von der Natur vorgegeben ist, wurde auch zum Vorbild für die Familienarbeit insgesamt. Und es sind keineswegs allein die Männer, die auf den eingeübten Rollen bestehen und sich lieber auf ihre Verantwortung als Ernährer zurückziehen. Auch Frauen aus unserem Freundeskreis, die sich ansonsten als feministisch verstanden haben, kamen uns auf einmal sehr erfinderisch beim Verteidigen ihrer Entscheidung vor.

Oft hieß es, die Aufteilung sei nur vorübergehend. Weil das Kind nachts nur bei der Mutter schlafen könne. Weil die Stillzeit doch länger dauern würde als gedacht. Weil der Vater nicht in der Lage sei, das Kind zu beruhigen und ins Bett zu bringen. Aber das stimmt nicht. Selbst wenn die berufliche Auszeit vorbei ist, bleibt die Aufteilung meist die gleiche. Die Männer schlafen im Notfall auf der Couch, um morgens einigermaßen ausgeruht in den Berufsalltag starten zu können. Die Frauen durchwachen auch dann noch die Nächte, wenn ihre Elternzeit längst vorbei ist. Sollte das Kind krank sein, sind sie es, die sich freinehmen. Und sollten sie nachmittags zu spät zur Kita kommen, weil einfach zu viel zu tun war, sind sie es, die ein schlechtes Gewissen haben. Wie auch immer die Paare vorher zu Fragen des Feminismus standen, der wirkliche Stand der Emanzipation zeigt sich erst dann, wenn Kinder da sind. Vielleicht war es bei uns letztlich auch nur ein Zufall, dass es anders kam.

In unserem Umfeld war ich der einzige Vater, der länger Elternzeit genommen hatte als die Mutter. Für viele Freunde und Verwandte stellte unsere Entscheidung eine Überraschung dar. Und wir hatten unterschätzt, wie erklärungsbedürftig sie war. Auf einmal war ich nur noch von Müttern umgeben. Im Krabbelkurs war ich der einzige Mann, der regelmäßig teilnahm. Ich freute mich jedes Mal sehr auf das Gewusel der Kleinen und versuchte, auch die Lieder mitzusingen, obwohl mir das schwerfiel. Wenn ab und zu doch ein anderer Vater mitmachte, war ich stolz darauf, wie zügig ich unseren Sohn im Vergleich ausziehen, wickeln und wieder anziehen konnte, dass ich die Tasche mit den zahlreichen Babysachen gut gepackt und immer alles griffbereit hatte. Oft fand ich es erschreckend, wie unbeholfen manche Väter im Umgang mit den Kleinen waren und dass sie mitunter ihre Kinder nicht einmal richtig anfassen konnten. Meistens fühlte ich mich wohl unter den Müttern, für die vieles so selbstverständlich erschien, obwohl auch sie überwiegend zum ersten Mal in dieser Situation waren. Trotzdem hätte es mir gutgetan, wenn andere Väter in meinem Umfeld gewesen wären, die ebenfalls zumindest für ein paar Monate allein die Verantwortung trugen. Denn bei allem, was ich unter den Augen der Mütter tat, fühlte ich mich doch oft argwöhnisch beobachtet. Die schlimmsten Vorurteile, denen ich in meiner Elternzeit begegnet bin, kamen nicht von Männern, sondern von Frauen. Viele Mütter sind der Meinung, dass Männer zwar ab und zu im Notfall einspringen können, aber eigentlich nicht in der Lage seien, das zu leisten, was Frauen können. Aus ihrer Sicht haben Frauen eine stärkere Bindung zum Kind, körperlich und gefühlsmäßig, einen ursprünglicheren Zugang, durch die Geburt und das Geben der Brust, der sie auch in der täglichen Fürsorge bevorrechtigt. Sie betrachten das Kind als ihre ureigene Aufgabe und Angelegenheit. Egal, wie sehr sich die Männer auch anstrengen mögen, für diese Frauen sind sie hier prinzipiell fehl am Platz.

Unter weiblicher Emanzipation wird in der Regel das Aufbrechen eingeübter Geschlechterrollen verstanden. Vorrechte, die traditionell allein Männern zustanden, werden von Frauen erobert. Sie dringen in soziale und politische Bereiche vor, die Männer seit Jahrhunderten beherrscht und unter sich aufgeteilt haben. Die emanzipierten Frauen in meiner Jugend trugen kurze Haare, lehnten es ab, sich zu schminken, und wollten nicht, dass man ihnen die Tür aufhielt oder sie zum Kaffee einlud. Sie wollten nicht heiraten und keine Kinder bekommen. Ihr Leben sollte selbstbestimmt und unabhängig sein. Sie wollten weder Ehefrau noch Mutter und schon gar nicht Hausfrau sein. Einen guten Beruf zu haben sollte sie vor den Schicksalen schützen, die für viele Generationen von Frauen vorgezeichnet waren. Die Frontstellung schien klar zu sein. Da es die Männer waren, die mit aller Macht die bestehende Geschlechterordnung aufrechterhalten wollten, musste deren Vorherrschaft gebrochen werden. Und das taten die emanzipierten Frauen erfolgreich. Sie lernten, sich nicht mehr den Mund verbieten zu lassen, und meldeten sich selbstbewusst zu Wort. Sie erkämpften sich ihre eigenen Räume, für sich, ohne Männer. Und sie verdrängten so einige Männer von der Macht. Auch wenn es heute immer noch zahlreiche Positionen gibt, die vorwiegend von Männern besetzt werden, so lässt sich dennoch kein Beruf mehr finden, der ausschließlich Männern vorbehalten ist. Ich erinnere mich noch gut, dass in den ersten philosophischen Seminaren, die ich an der Universität besuchte, kaum mehr als zwei oder drei Studentinnen saßen, die sich nicht von den Professoren einschüchtern ließen. Das waren meine Heldinnen, vor allem, wenn sie sich mit Themen beschäftigten, die ich nicht verstand und daher unbedingt verstehen wollte. Damals wurde Studentinnen noch unterstellt, dass ihnen die Leidenschaft fehle, um es wirklich weit zu bringen. Das hat sich heute radikal geändert. In vielen Fächern sind die Frauen den Männern inzwischen ebenbürtig, häufig sogar überlegen. Der feministische Kampf hat auch die Männer verändert. Nicht alle, aber doch viele. Ich gehöre bereits zu einer Generation von Männern, für die es selbstverständlich ist, sich nach einer gleichwertigen Partnerschaft zu sehnen. Das heißt natürlich nicht, dass es gelingt, sich im Alltag so zu verhalten, dass das Ideal auch gelebt wird. Denn das setzt nicht nur die Emanzipation der Frauen voraus, sondern ebenso die der Männer.

Neben dem feministischen Kampf um Gleichberechtigung gibt es noch einen zweiten, der viel schwieriger zu beschreiben ist und den ich erst wirklich wahrnehmen konnte, als ich viel Zeit mit Müttern verbrachte. Während die Emanzipation zunächst vorwiegend ein Konflikt zwischen Frauen und Männern war, handelt es sich hierbei um eine Auseinandersetzung unter Frauen. Es gibt in der Kinderbetreuung von der Geburt an ein Regime aus Hebammen und Erzieherinnen, mit dem Männer nur in Berührung kommen, wenn sie versuchen, in diesem traditionell weiblichen Bereich ihren Platz zu finden. In diesem Regime gibt es eine sehr klare Vorstellung davon, was Mütter und was Väter zu tun haben. Hier sind es nicht die Männer, die ihre Macht einsetzen, um die überkommene Geschlechterordnung aufrechtzuerhalten, sondern es sind Frauen, die andere Frauen darauf verpflichten wollen, einer vermeintlich natürlichen Mutterrolle zu entsprechen. Auch wenn Feministinnen oft vorgeben, alle Frauen zu vertreten, für diese Frauen sprechen sie nicht. Zu den strittigsten Themen bei dieser Auseinandersetzung gehört die Frage, wie wichtig das Stillen für die Entwicklung des Säuglings ist, wie lange gestillt werden soll und was es bedeutet, wenn eine Mutter es nicht tut. Ich habe den Abend noch deutlich in Erinnerung, als meine Frau sich vier Wochen nach der Geburt zum ersten Mal mit einer Freundin verabredet hat. Sie hatte etwas Milch abgepumpt, damit ich sie unserem Sohn geben und er gut gesättigt einschlafen konnte. Alles klappte problemlos, und ich war froh, meiner Frau diesen Abend und viele weitere ermöglichen zu können. Mitunter berichteten uns andere Mütter, dass sie seit einem halben Jahr oder länger nicht mehr allein das Haus verlassen hatten. Wir wunderten uns, und es dauerte eine Zeitlang, bis wir begriffen, dass diese Frauen das Stillen als ihren Auftrag ansahen und alles andere als schlecht für ihr Kind ablehnten. Sie wollen nicht, dass Männer ihre Aufgaben übernehmen. Und sie wollen auch nicht, dass andere Frauen das zulassen. Sie üben einen unglaublichen Druck auf Frauen aus, die nicht ihrem Mutterbild entsprechen. Manchmal hatte ich den Eindruck, dass es gar nicht so wenige Mütter gibt, die geradezu wollen, dass ihre Männer unfähig sind, sich um ihre Kinder zu kümmern, damit sie selbst nur Mütter sein können.

Das Gelingen der Emanzipation hängt nicht nur davon ab, ob Frauen zunehmend in der Lage sind, mehr politische und ökonomische Macht auszuüben. Es reicht nicht aus, dass mehr Frauen in mehr Führungspositionen gelangen und so Vorbilder für zukünftige Generationen abgeben. Ohne Zweifel sind die möglichen Karrierewege wichtig. Aber ganz entscheidend wird sein, wie sich die Familien organisieren und wie die Familienarbeit zwischen Männern und Frauen aufgeteilt wird. Frauen kämpfen dafür, in den Genuss der gleichen Rechte wie Männer zu kommen und ihr Leben ebenso selbstbestimmt führen zu dürfen. Sie wollen das tun, was Männer tun, und das haben, was Männer haben. Daher wurden die emanzipierten Frauen früherer Jahrzehnte oftmals als vermännlichte Frauen angesehen. Zugleich gibt es jedoch auch eine weitergehende Zielsetzung. Frauen wollen die Macht, die sie erlangt haben, anders ausüben, als Männer das tun. Sie wollen nicht einfach die männlichen Positionen übernehmen und die männlichen Tugenden zu ihren machen. Spätestens seit den siebziger Jahren hat sich die Annahme durchgesetzt, dass es weibliche Tugenden gibt, die sich nicht allein auf den häuslichen Bereich beschränken, sondern darüber hinaus auch im öffentlichen Leben eine bedeutende Rolle spielen können. Aus dieser Sicht haben Frauen einen anderen Führungsstil als Männer, neigen stärker zur Kooperation und sind weniger an Status und Hierarchie orientiert. Da sie die Fähigkeit besitzen, mit Situationen der Überforderung und des Scheiterns offener umzugehen als ihre männlichen Gegenüber, die noch in den widrigsten Lagen auf die Ausstellung ihrer Überlegenheit fixiert sind, können sie schneller zu besseren Lösungen kommen und sind daher effizienter. Eine Gesellschaft, in der Frauen einflussreichere Rollen übernehmen, wäre somit nicht nur für Frauen wünschenswert, sondern insgesamt eine bessere Gesellschaft.

Dass Frauen an der Spitze großer Unternehmen stehen und wichtige politische Ämter bekleiden, ist inzwischen allgemein akzeptiert. Dagegen werden Männer, die in den letzten Jahrzehnten mühsam gelernt haben, ihren antrainierten Panzer abzulegen und ihre Gefühle auch öffentlich zu zeigen, auch heute noch häufig als verweiblichte Männer wahrgenommen. Dass ein Mann sich nicht nur um Reparaturen am Haus und am Auto kümmert, sondern die Wäsche macht und das Essen kocht, wäre vor gar nicht allzu langer Zeit noch undenkbar gewesen und als eine Erniedrigung betrachtet worden. Was immer im Einzelnen unter weiblichen Tugenden verstanden wird, der historische Ort, an dem sie entstanden sind und immer noch eingeübt werden, ist der Haushalt und die damit verbundene Sorge um die jungen und alten Mitglieder der Familie. Die Diskussion darüber, was männlich und was weiblich ist, lässt sich daher nicht sinnvoll führen, ohne die Organisation der Familien und die häusliche Arbeitsteilung, die seit Jahrhunderten das Verhältnis der Geschlechter bestimmt, aus beiden Perspektiven zu betrachten.

Es reicht nicht aus, unter Emanzipation allein Gleichberechtigung zu verstehen. Dass Frauen den Zugang zu den Privilegien erhalten, die bislang ausschließlich Männer für sich in Anspruch genommen haben, ist ein zentrales Anliegen des feministischen Kampfes. Aber wäre es das einzige Ziel, dann würde aus unserer Gesellschaft keine bessere Gesellschaft werden. Dann hieße Emanzipation schlicht, dass Frauen genauso wie Männer ehrgeizig sein und Karriere machen dürfen, dass es ihnen freisteht, egoistisch und machtbewusst zu sein und sich an die erste Stelle zu setzen. Sie können sich berufen fühlen, Ärztinnen zu werden, um Leben zu retten, oder sich an der Waffe ausbilden lassen, um als Soldatinnen in den Krieg zu ziehen und zu töten. Ginge es bloß darum, dann wäre das Lebensideal, das wir früher als ein männliches betrachtet haben, nun zum allgemeinen Lebensideal geworden, das jetzt gleichberechtigt sowohl für Männer als auch für Frauen gilt. Die einstige Männerwelt wäre dann zwar von beiden Geschlechtern bevölkert, was sicherlich einen Unterschied ausmacht. Aber das muss nicht zwangsläufig bedeuten, dass diese Männerwelt auch eine andere wird. Was auf den ersten Blick als Emanzipation erscheint, könnte dann lediglich darauf hinauslaufen, dass Frauen sich der Welt der Männer anpassen und die Macht, über die sie verfügen, genau so ausüben, wie Männer sie schon seit Jahrhunderten ausgeübt haben. Wenn es allein um dieses Ziel ginge, dann würde sich der feministische Kampf darin erschöpfen, die Positionen der Macht zwar anders zu besetzen, die Hierarchie selbst aber unangetastet zu lassen. Deshalb ist es so wichtig, dass nicht nur Frauen in die privilegierte Welt der Männer vordringen und diese Welt verändern, sondern dass im Gegenzug die Männer lernen, sich in den Lebensbereichen zu bewähren, die traditionell als der Welt der Frauen zugehörig betrachtet wurden. Wenn die als weiblich kodierte häusliche Welt vollständig von der als männlich kodierten beruflichen Welt verdrängt würde, dann ginge eine fundamentale Erfahrung des Sozialen verloren, die dem feministischen Kampf überhaupt erst seine Wirkmächtigkeit verliehen hat. Denn ebenso wenig wie Männer von Natur aus zur Herrschaft über Frauen bestimmt sind, geben Frauen von Natur aus die besseren Menschen ab. Was Frauen gegenüber Männern auszeichnet, liegt in der historischen Erfahrung ihrer Ausgrenzung begründet, die sie zur Ausbildung von Fähigkeiten der Fürsorge gezwungen hat, die Männer nicht haben. Ein Feminismus, der sich vorrangig an den männlichen Privilegien orientiert, würde diese Erfahrung verspielen.

Das Gelingen der Emanzipation ist heute vielleicht mehr denn je eine Angelegenheit beider Geschlechter. Auch die Männer müssen sich von ihren tradierten Rollen emanzipieren, manchmal auch gegen die Frauen, die sie auf überkommene Identitäten festlegen. Sie müssen lernen, sich nicht mehr mit überholten Bildern einer heroischen Männlichkeit zu identifizieren. Und Frauen müssen ihnen das zugestehen. Auch Männer haben Flugangst, ekeln sich vor Spinnen und können hysterisch sein. In der Vergangenheit wurde von den Vätern erwartet, dass in erster Linie sie die Familie ernähren und beschützen. Während Frauen für die Geborgenheit und die innere Harmonie zuständig waren, sollten Männer die Familie nach außen vertreten. Wenn nötig, auch mit Gewalt. Erst aus dieser Aufgabenteilung sind die politischen Privilegien entstanden, die über viele Jahrhunderte allein den Männern zukamen. Wenn Frauen in die ehemalige Position der Männer einrücken und das Haus verlassen, dann muss es im Gegenzug auch als positiv verstanden werden, wenn Männer in der traditionellen Welt der Frauen beginnen, eigene Rollen zu spielen. Karrierefrauen gibt es heute viele, aber Hausmänner gibt es kaum. Männer müssen Wege finden, sich von den eingeübten Imperativen zu befreien, die ihr Leben bestimmen. Sie müssen die Einsicht zulassen, dass männliche Körper nicht widerstandsfähiger sind als weibliche, dass sie genauso umsorgt werden müssen. Noch immer ist die Lebenserwartung von Männern deutlich geringer als die von Frauen. Damit ein neues Männerbild entstehen kann, das den Anforderungen eines gleichberechtigten Lebens entspricht, müssen auch Frauen ihren Blick auf die Männer und ihre Erwartungen an sie überprüfen. Meine Frau versteht manchmal nicht, warum ich mich aufrege. Es kommt vor, dass sie eingreift, wenn ich gerade dabei bin, mich um unseren Sohn zu kümmern, etwa wenn schnell etwas gegen den Hunger getan werden muss oder Hilfe beim Anziehen nötig ist. Sie merkt nicht, dass sie mich aus der Verantwortung drängt, weil sie sich ungefragt zuständig fühlt. So bringt sie zum Ausdruck, wie selbstverständlich es nach wie vor ist, dass Fürsorge als die Aufgabe der Mutter aufgefasst wird. Damit die Väter ihre neue Rolle in der Familie ausfüllen können, müssen die Mütter ihnen Platz machen.

Die Arbeitsteilung im Haus hat eine lange Geschichte. Und sie ist unmittelbar mit dem verknüpft, was wir seit der europäischen Antike unter Politik verstehen. Wer nur auf das Haus verwiesen ist, hat keinen Zugang zur Öffentlichkeit und kann nicht am politischen Leben teilnehmen. Das eigene Haus zu verlassen, sich mit anderen auszutauschen und an Versammlungen teilzunehmen, ist seit den griechischen Anfängen unserer Auffassung von Politik die Grundbedingung für jedes Gemeinwesen. Der Ursprung des politischen Lebens ist der gemeinsame Alltag in der Stadt, *pólis*. Wenn alle nur verstreut über das Land und vereinsamt für sich ohne Kontakt zu anderen leben würden, gäbe es daher auch keine Politik. Die eigene Sichtbarkeit für andere und der Austausch mit anderen ist die unverzichtbare Voraussetzung für ein politisches Zusammenleben. Nur so kann gemeinsam darüber gestritten werden, wie wir zusammenleben wollen und welche Werte uns wichtig sind. Wer nicht sichtbar ist und in der Öffentlichkeit nicht vorkommt, der kommt auch nicht in den vollen Genuss der politischen Rechte.

Die athenische Demokratie, die als ein großes Vorbild für die europäische Politik gilt, war eine Männerdemokratie. Das Haus wurde repräsentiert durch den Hausherrn, *oikodespótēs*. Nur Männer durften an politischen Versammlungen teilnehmen und hatten Zugang zu politischen Ämtern. Da die Angelegenheiten der *pólis* immer auch Fragen von Krieg und Frieden mit anderen Stadtstaaten umfassten, zeichnete sich der männliche Bürger durch eine enge Verbindung von Waffen und Rechten aus. Nur wer bereit war, sich für das Gemeinwesen militärisch zu opfern, konnte auch politische Rechte für sich in Anspruch nehmen. Die Frauen dagegen waren auf den Bezirk des Hauses verwiesen. Es gibt eine lange Tradition der Hausväterliteratur, in der die Befugnisse und die Pflichten des Hausherrn sehr genau beschrieben werden. Sie reicht von der Antike bis ins 20. Jahrhundert. Ebenso gibt es eine lange Tradition der Tugendbücher für Frauen, in denen sittsames Benehmen dargestellt und vorgeschrieben wird, meistens von Männern verfasst. Auch heute noch gibt es nicht wenige Länder, in denen das Verhalten von Frauen im öffentlichen Raum stark reglementiert wird, etwa durch Kleidervorschriften oder das

Verbot, ohne männliche Begleitung das Haus zu verlassen. Die Arbeitsteilung zwischen den Geschlechtern ist daher weit mehr als eine private Angelegenheit. Sie ist der Ursprung für die Aufteilung zwischen dem privaten Raum der Familie und dem politischen Raum der Öffentlichkeit.

Für uns heute ist es nicht leicht nachvollziehbar, wie selbstverständlich den Männern über viele Jahrhunderte ihre häusliche und politische Herrschaft über die Frauen erschien. Zahlreiche Philosophen, die ansonsten immer noch lesenswert sind, hatten kein Problem damit, die Frauen ihrer Zeit als zweitrangige Menschen zu begreifen, die den Männern unterlegen und der Führung durch sie bedürftig seien. Selbst als im Zuge der Französischen Revolution die allgemeinen Rechte des Menschen und des Bürgers verkündet wurden, kam es den Revolutionären nicht in den Sinn, diese auch auf die weibliche Bevölkerung zu beziehen. Von dem neuen politischen Körper der Nation, der die Gleichheit aller Bürger jenseits der überlieferten Ständeordnung gewährleisten sollte, blieben die Frauen ausgeschlossen. Als Olympe de Gouges, die zu den ersten selbstbewussten Feministinnen gehörte, der Erklärung der Bürgerrechte durch die Nationalversammlung 1791 ihre Erklärung der Rechte der Frau und der Bürgerin an die Seite stellte, stieß sie nicht nur bei den Anhängern der alten Ordnung auf Ablehnung. Selbst die radikalsten Revolutionäre, die bereit waren, alles umzustürzen, wollten von ihren Forderungen nicht viel wissen. Und dennoch war damit etwas unaufhaltsam in Gang gesetzt, das die Ordnung der Geschlechter verändern sollte. Olympe de Gouges wurde durch das Revolutionstribunal als vermeintliche Anhängerin der Royalisten zum Tode verurteilt und kurz darauf hingerichtet. Ihre Forderungen bildeten jedoch die Grundlage für den langen Kampf um das Frauenwahlrecht im 19. und 20. Jahrhundert. Ihr Katalog umfasste aber nicht nur das Recht, selbst wählen und für ein politisches Amt kandidieren zu dürfen, sondern ebenfalls die Berufsfreiheit, die Redefreiheit und das Recht auf Eigentum. Denn spätestens seit dem 18. Jahrhundert gehören diese Freiheiten zu den zentralen Merkmalen des männlichen Bürgers. Das bürgerliche Ideal bestand darin, sein eigener Herr zu sein. Und dazu war es nötig, eine eigene Stimme und einen eigenen Besitz zu haben. Die Streiterinnen für Frauenrechte folgten diesem Ideal männlicher Selbstbestimmung. Erfolgreich war dieser Kampf aber erst sehr viel später. In Deutschland und Österreich wurde das Wahlrecht für Frauen 1918 eingeführt, in Frankreich 1944 und in der Schweiz sogar erst 1971. In einigen Ländern gibt es auch heute noch kein allgemeines Wahlrecht.

Aber selbst in den Ländern, in denen Männer und Frauen die gleichen Rechte haben, ist ein gleichberechtigtes Leben allein dadurch noch nicht gewährleistet. Auch heute verdienen Frauen oft weniger als Männer, und zwar selbst dann, wenn sie in den gleichen Berufen tätig sind. Oft müssen sie deutlich mehr leisten als Männer, um überhaupt anerkannt zu werden. Dass Frauen ebenso selbstbewusst auftreten wie Männer, ist immer noch nicht selbstverständlich, nicht einmal für sie selbst. Männern, die über Jahrhunderte gelernt haben, Macht auszuüben und zu erhalten, fällt es wesentlich leichter, sich zu verbünden und in Kategorien des Wettkampfs zu denken. Frauen haben viel öfter ein schlechtes Gewissen, das ihnen über viele Generationen beigebracht wurde. Die langwierige Geschichte der weiblichen Emanzipation konnte sich deshalb nicht im Ziel gleicher Rechte erschöpfen. Auf den rechtlichen Kampf folgte der soziale Kampf. Da die Frage, was es bedeutet, eine Frau zu sein, bislang vor allem von Männern beantwortet worden war, begann die lange Suche nach einer weiblichen Identität. Simone de Beauvoir, die bedeutendste Feministin des 20. Jahrhunderts, hat äußerst genau dargelegt, wie schwierig es für Frauen ist, eine eigene Identität zu finden, die sich von den zahlreichen Zuschreibungen der Vergangenheit frei gemacht hat. Ob es sich dabei nun um die Rolle der Geliebten, der Ehefrau oder der Mutter handelt, stets waren es die Männer, die den Frauen vorschrieben, welche Ansprüche sie zu erfüllen hatten. Aus diesem Grund rückten die sozialen Bedingungen in den Vordergrund, unter denen die Gleichheit verwirklicht werden konnte. Um die neuen Rechte auch wahrnehmen zu können, brauchen Frauen eigene Vorbilder, eigene Medien, eigene Räume und eigenes Wissen. Die Geschichte der Unterdrückung der Frau durch den Mann wurde erforscht. Programme zur Frauenförderung wurden aufgelegt und Stellen für Frauenbeauftragte geschaffen. Die Gleichstellung wurde zum Staatsziel. Männer und Frauen sollen überall paritätisch vertreten sein. Als letztes Mittel gilt auch heute noch eine allgemeine Quote bei der Besetzung von Stellen.

In den meisten feministischen Programmen nimmt die Familie einen zutiefst zwiespältigen Stellenwert ein. Da die Frauen in der Vergangenheit oft auf ihre soziale Rolle als Mutter und Hausfrau eingeschränkt wurden, stellten die Familie und der Haushalt den sozialen Ort dar, den es zu ver-

lassen galt, um sich zu emanzipieren. Die meisten Vorkämp-
ferinnen des Feminismus waren kinderlos. Nicht verheiratet
zu sein und keine Kinder zu haben war früher häufig der
einzige Weg für Frauen, um ein selbstbestimmtes Leben
führen zu können. In dieser Hinsicht bildete die Familie ein
Hindernis für die Selbstbefreiung der Frauen. Die Familienarbeit band die Frauen an ein Schicksal, das sie nicht mehr
hinnehmen wollten. Daher gab die Familie den negativen
Hintergrund für ein anderes, freies Leben ab. Das Programm
des modernen Feminismus im 20. Jahrhundert lautete, dass
keine Frau als Frau geboren wird. Sondern erst die sozialen Bedingungen weisen den Menschen ihre soziale Rolle
als Frau oder Mann zu. Dem sozialen Feminismus, der ein
gleichberechtigtes Leben forderte, ging es daher darum, die
tradierten Geschlechterrollen aufzubrechen. Frauen sollten
nicht mehr auf ihre soziale Rolle als Mütter und Hausfrauen
verpflichtet werden, sondern sich ihre Lebenswege selbst
aussuchen dürfen. Für die soziale Rolle sollte das biologische
Geschlecht nicht mehr entscheidend sein. Demnach werden
die Menschen zwar im biologischen Sinne als Frauen oder
Männer geboren, für ihr soziales Leben aber bedeutet das
kaum etwas.

Daneben gab es immer auch feministische Ansätze, die
nicht die Gleichheit, sondern die Andersheit der Geschlechter ins Zentrum gestellt haben. Aus dieser Sicht sind Frauen
mit anderen Fähigkeiten und Tugenden ausgestattet, gerade
weil sie sich biologisch von den Männern unterscheiden.
Dass Frauen gebären können, lässt sie anders denken und
handeln. Ihre Mutterschaft, ihre besondere Beziehung zu
Kindern macht sie empfänglicher für das Leid anderer und

weit weniger aggressiv als die Männer. Für diese Ansätze ist der Feminismus immer auch Friedenspolitik. Wenn Frauen mehr politische Macht haben und die Welt regieren, wird diese Welt eine bessere sein. Jahrhundertelang haben die Männer der Welt mit ihrer Männerpolitik nur Gewalt und Grausamkeit gebracht. Erst die Durchsetzung der sozialen Tugenden, die mit dem biologischen Wesen der Frau verbunden sind, wird der Welt einen wirklichen Fortschritt bringen. Im Gegensatz zum sozialen Feminismus der Gleichheit macht das biologische Geschlecht für den kulturellen Feminismus der Andersheit sehr wohl einen Unterschied aus. Beide Ansätze wollen die Emanzipation der Frauen bewirken, aber einmal besteht das Ziel darin, den Unterschied zwischen Männern und Frauen so weit wie möglich zum Verschwinden zu bringen, während es bei der Betonung der Andersheit darum geht, eine neue Kultur der Weiblichkeit zu begründen.

Als meine Frau schwanger war, beeindruckte es mich sehr, wie stark sich ihr Körper veränderte. Die Straffheit der Haut, die Dehnung der Muskeln und Sehnen, sogar der Knochenbau, der Stoffwechsel, der Blutkreislauf und vor allem der Hormonhaushalt, alles war davon betroffen. Manche Veränderungen waren sehr belastend, manche lösten große Glücksgefühle aus. In den letzten Wochen taten ihr vor allem die Füße sehr weh, und sie litt unter starken Rückenschmerzen. In ihrem Körper wuchs ein zweiter Körper heran. Die ganze Zeit über versuchten wir, uns auch körperlich sehr nah zu bleiben. Bis dahin hatte ich meine Frau stets als äußerst sportlich erlebt. Auf einmal waren ihre Bewegungen langsam und manchmal auch schwerfällig.

Obwohl wir viel darüber geredet haben, werde ich nie wirklich nachvollziehen können, was in dieser Zeit in ihr vorging und wie die Schwangerschaft ihre Sicht auf das Leben verändert hat. Ich werde nie erfahren können, was es bedeutet, ein Kind in sich zu tragen und zur Welt zu bringen. Immer wenn ich sehe, wie Frauen ihren Kindern die Brust geben, sie mit ihrem eigenen Körper ernähren, bin ich neidisch auf die Nähe, die darin zum Ausdruck kommt. Natürlich spielen die unterschiedlichen Erfahrungen des Körpers auch ohne Schwangerschaft eine prägende Rolle für das eigene Leben. Die Körper von Frauen und Männern sind verschieden, und die weibliche Erfahrung mit dem Körper ist eine andere als die männliche. Aber durch die Schwangerschaft wird der Unterschied derart gegenwärtig, dass er sich nicht mehr übergehen lässt. Wenn das Kind nach der Geburt neben die Mutter gelegt wird, ist jedem ersichtlich, wie intensiv die Beziehung zwischen den beiden ist und wie viel die Mutter und auch das Kind bereits dafür getan haben. Zu dieser besonderen Beziehung kommt der Vater erst später hinzu, auch wenn er die beiden von Anfang an begleitet hat. Mit diesen verschiedenen Anfängen müssen Väter und Mütter in der Regel erst umgehen lernen. Es lässt sich nicht einfach so tun, als wären beide von Anfang an gleichberechtigt. Die Väter müssen die Nähe erst suchen und finden. Und die Mütter müssen das zulassen. Das heißt nicht, dass den Frauen die Beziehung zum Kind immer gelingt. Aber der Weg der Männer ist zunächst einmal weiter. Eine Schwangerschaft kann Frauen sehr verändern. Sie vertreten danach oft andere Meinungen, die nicht selten konservativer sind, und zwar selbst dann, wenn sie sich vorher als Feministinnen verstanden haben. Damit sie nicht auf ihre Mutterschaft und die Fürsorge zurückgeworfen werden, müssen sich auch die Männer durch ihre Beziehung zum Kind verändern lassen. Beide müssen die Veränderung gemeinsam erfahren. Eine feministische Theorie, die diesen Umstand übergeht und nichts über die Familie zu sagen weiß, sondern nur die Gleichheit jenseits des körperlichen Unterschieds zwischen Männern und Frauen ins Zentrum stellt, kann der Lebenswirklichkeit deshalb nicht gerecht werden.

Der Versuch, vom körperlichen Unterschied der Geschlechter auch auf verschiedene Fähigkeiten und Tugenden zu schließen, hat eine lange Tradition. Bereits in der Antike wurden Frauen für emotionaler gehalten. Männer galten dagegen als rational und selbstbeherrscht. Bis ins 20. Jahrhundert hinein lassen sich Theorien finden, die Frauen als Naturwesen beschreiben, die dem verhaftet sind, was die Natur ihnen vorschreibt. Tatsächlich waren Frauen jedoch nicht der Familie und dem Haushalt zugeordnet, weil sie durch ihren Körper dazu bestimmt waren. Die emotionale Intelligenz, die man Frauen heute oft zutraut, beruht nicht auf ihrer biologischen Ausstattung. Über viele Jahrzehnte wurden Frauen darauf verpflichtet, sich als soziale Wesen zu verstehen. Die Fähigkeiten und Tugenden, die in dieser Zeit erworben und ausgebildet wurden, sind von einer Generation an die nächste weitergegeben worden. Dagegen wurden Männer dazu erzogen, sich körperlich und geistig im Wettkampf zu bewähren, in Schulen, Kasernen, auf der Straße. Auch heute spielt die Erfahrung von Gewalt eine zentrale Rolle in der männlichen Sozialisation. Wenn Jungen sich schlagen, wird das immer noch als irgendwie gut für ihre

Entwicklung angesehen. Bei Mädchen wird das gleiche Verhalten häufig als Anlass zur Sorge betrachtet. Im Gegenzug gelten Jungen schnell als weinerlich, wenn sie sich der körperlichen Auseinandersetzung zu entziehen versuchen. Die Kinderbücher sind auch heute noch voll von Verhaltensweisen, die typisch für Jungen oder Mädchen sein sollen. Aber alle Versuche, klar zu bestimmen, was Männer und was Frauen eigentlich ausmacht, enden letztlich in einem hilflosen Beharren auf dem Unterschied. Was sich jedoch beschreiben lässt, sind die historischen Erfahrungen, die Frauen in ihrer sozialen Rolle als Mütter und Hausfrauen gemacht haben. Das Gleiche gilt für die Männer als Väter und Ernährer. Aber hier ist nicht der biologische Unterschied der entscheidende. Viel machtvoller sind die jeweiligen Positionen, die mit der Welt des Hauses und der Welt jenseits des Hauses verbunden sind. Wir müssen uns heute die Frage stellen, welche Erfahrung uns wichtig ist und welche wir weitergeben wollen. Wenn für uns alle die berufliche Welt in den Mittelpunkt des Lebens rückt, werden die Fähigkeiten und Tugenden, die traditionell mit dem Haus verbunden sind, immer weiter verkümmern. Die Familienarbeit wird dann noch stärker abgewertet werden als bisher. Stattdessen müsste das Gegenteil unser Ziel sein. Daher wird alles darauf ankommen, wie sich Feminismus und Familie zueinander in Beziehung setzen.

Aus der anstrengenden Diskussion über den Unterschied zwischen Männern und Frauen hat der postmoderne Feminismus der neunziger Jahre den Schluss gezogen, dass es kein eindeutiges Geschlecht gibt. Demnach sind nicht nur die sozialen Rollen von Männern und Frauen historisch konstruiert, also ihr soziales Geschlecht, *gender*. Auch ihre sexuelle Identität ist bereits eine soziale Konstruktion, also ihr biologisches Geschlecht, *sex*. Das Ziel dieses Ansatzes besteht nicht allein in der Gleichheit von Männern und Frauen und auch nicht bloß in der Betonung der Andersheit. Sondern die Kategorie der sexuellen Identität selbst soll zum Verschwinden gebracht werden. Hier erscheint die Einteilung in entweder Männer oder Frauen als das Problem schlechthin. Weil es aus dieser Sicht kein von Natur aus gegebenes Geschlecht gibt, das eindeutig als weiblich oder männlich erkannt werden kann, sondern in Wirklichkeit von vielen verschiedenen Geschlechtern ausgegangen werden muss, die in der strikten Einteilung auf nur zwei Geschlechter reduziert werden, ist letztlich jeder Mensch auf seine Weise anders. An die Stelle von zwei Geschlechtern soll daher eine Pluralität der Geschlechter treten. Hier wird also nicht nur die soziale und kulturelle Rolle der Geschlechter in Frage gestellt, sondern bereits die medizinische Entscheidung darüber, wer Mann und wer Frau ist. Das Geschlecht, das in der Regel bei der Geburt festgestellt wird, soll als Kategorie überhaupt entfallen. Die politische Annahme besteht folglich darin, dass sich das Problem der tradierten Geschlechterrollen dann auflösen wird, wenn die Kategorie des Geschlechts für unser Denken prinzipiell keine Bedeutung mehr hat. Wenn die sexuellen Einteilungen und Bezeichnungen irgendwann gegenstandslos geworden sind, dann wird somit auch die problematische Wirklichkeit eine andere sein.

Der postmoderne Feminismus steht in einem schwerwiegenden Widerspruch zum Projekt der Quote. Wenn mehr Frauen in wichtige Positionen aufrücken sollen, muss eindeutig feststehen, wer Mann und wer Frau ist. Der klassische Feminismus ist davon ausgegangen, dass sich die Machtverhältnisse zwischen den Geschlechtern nur verändern lassen, wenn mehr Frauen in die Lage versetzt werden, politische und ökonomische Macht auszuüben. Erst wenn es für Männer selbstverständlich geworden ist, dass ihre Vorgesetzten weiblich sein können, wird die Gleichberechtigung verwirklicht sein. Eine ausgewogene Anzahl von Männern und Frauen in einem bestimmten Bereich spricht daher für den Erfolg der Emanzipation. Der postmoderne Feminismus hingegen setzt auf die Überwindung der Zweiwertigkeit der Geschlechter. An deren Stelle soll eine Vielfalt an individuellen Menschen treten, die sich nicht mehr anhand ihrer sexuellen Identität auszeichnen. Als erfolgreich gilt hierbei der Kampf um die Emanzipation, wenn ein bestimmter Bereich nicht mehr von einer sexuellen Identität, sei sie nun männlich oder weiblich, dominiert wird. In allen Bereichen soll Vielfalt herrschen und sichtbar werden, dass jede sexuelle Identität tatsächlich auf einer Mischung aus vielen Geschlechtern beruht. Die historische Leistung des postmodernen Feminismus liegt darin, die Ordnung der Geschlechter grundsätzlich in Frage gestellt zu haben. Besonders anschaulich wird der Unterschied der beiden Ansätze bei der jeweiligen Sprachpolitik. Während der klassische Feminismus darauf besteht, insbesondere bei Anreden und Bezeichnungen die weibliche Form deutlich neben die männliche Form zu stellen, geht es dem postmodernen Feminismus darum, geschlechtsspezifische Festlegungen zu vermeiden und so die Sprache möglichst für alle Geschlechter offen zu halten. Auch wenn es sich auf den ersten Blick lediglich um zwei verschiedene Zielvorstellungen handeln mag, die ihren gemeinsamen Hintergrund in der Geschichte der Frauenbewegung haben, ist der Unterschied prinzipieller Natur. Denn die politischen Mittel, die zur Gleichstellung der Geschlechter führen sollen, sind kaum vereinbar mit den politischen Einsätzen, die der Vielfalt der Geschlechter zur Sichtbarkeit verhelfen sollen.

Neben der Gewinnung von Aufmerksamkeit für das jeweilige politische Anliegen gehört es zum Ziel aller sozialen Bewegungen, eine möglichst breite Solidarität zu stiften. Viele Feministinnen des 19. und frühen 20. Jahrhunderts stammten aus dem Umfeld der Arbeiterbewegung. Sie traten nicht nur für die allgemeinen Rechte der Frauen ein, sondern richteten ihre Forderungen vor allem an der sozialen Lage der Arbeiterinnen und ihrer Familien aus. Ihr politisches Engagement für die Emanzipation wurde von einem klaren Klassenbegriff getragen. Zwar haben sie immer wieder betont, dass es sich bei der Unterdrückung der Frauen um die Unterdrückung der Hälfte der Menschheit handelt. Aber dass es auch unter den Bedingungen dieser Unterdrückung sehr privilegierte Frauen und besonders ausgebeutete Frauen gibt, stand für sie außer Frage. Der Kampf für die Befreiung der Frauen war daher ohne den Kampf für die soziale Gerechtigkeit und den besonderen Einsatz für die Unterschichten undenkbar. Der postmoderne Feminismus ist dagegen sehr stark am einzelnen Individuum orientiert. Das entspricht der Zeit seiner Entstehung in den neunziger Jahren. Eine große Leistung des klassischen Feminismus bestand darin, dass sich die Frauen als eine solidarische

Gruppe verstanden, die in der Lage ist, *wir* zu sagen und Forderungen an die Politik des Zusammenlebens zu stellen. Im Unterschied dazu stehen im Zentrum des postmodernen Feminismus vor allem individuelle Lebensentwürfe, die auch die sexuelle Identität einschließen. Denn das Individuum soll nicht durch sein Geschlecht bestimmt sein, sondern sich darin verwirklichen. Um sich selbst entwerfen und gestalten zu können, muss es daher auch möglich sein, das eigene Geschlecht zu wechseln oder auch neu zu erfinden. Im Grenzfall bildet jedes Individuum seine eigene Gruppe. Da die Selbstverwirklichung ein prinzipiell individuelles Maß ist, kann es nur darum gehen, jedem Individuum zu ermöglichen, das eigene Leben frei führen zu können, auch in geschlechtlicher Hinsicht. Unter den Bedingungen dieses Individualismus ist es kaum möglich, ein gemeinsames Wir auszubilden. Aus diesem Grund ist der postmoderne Feminismus nicht mehr dem Sozialismus, sondern dem Liberalismus verpflichtet.

Am Beispiel der jeweiligen Haltung zur Prostitution lässt sich verdeutlichen, worin der Unterschied zwischen den beiden feministischen Ansätzen besteht. Für den klassischen Feminismus stellt Prostitution eine sexuelle Ausbeutung dar. Denn dabei bieten zumeist Frauen sexuelle Handlungen an, für die Männer bezahlen. In der Regel tun das die Frauen nicht freiwillig. Oft spielt eine persönliche Zwangslage die entscheidende Rolle. Sie bieten ihren Körper an, um sich aus der Armut zu befreien oder das Überleben ihrer Kinder zu sichern. Auch kann die Erfahrung sexuellen Missbrauchs in der Kindheit dazu beitragen. Nicht selten werden Frauen aber auch einfach brutal dazu gezwungen. In den wenigsten

Fällen tun sie es, weil sie es gerne tun. Der klassische Feminismus kämpft deshalb gegen die Prostitution. Sie soll möglichst verschwinden. Den Frauen soll geholfen und die Freier sollen bestraft werden, ebenso die Zuhälter und Menschenhändler, die an der sexuellen Ausbeutung viel Geld verdienen. Im Gegensatz dazu treten viele postmoderne Feministinnen dafür ein, dass aus der sexuellen Ausbeutung eine geregelte Dienstleistung wird. Sexuelle Handlungen gegen Geld anzubieten soll ein Beruf sein können wie jeder andere. Hier wird davon ausgegangen, dass nur die Bedingungen verbessert werden müssen, damit die Prostitution keine Erniedrigung mehr darstellt. Jede Frau soll selbst entscheiden können, ob sie ihren Körper gewerblich anbieten will oder nicht. Das gilt natürlich auch für Männer. Die Prostitution soll nicht mehr geächtet werden. Im Gegenteil, es soll anerkannt werden, dass Frauen und Männer darin ihre berufliche Selbstverwirklichung sehen können.

Als Beispiel für die sexuelle Ausbeutung wird oft das Schicksal von Frauen gewählt, die unter falschen Versprechungen aus armen Ländern in reiche geschleust und dort zur Prostitution gezwungen werden. Für die selbstbestimmte Dienstleistung stehen hingegen meist Frauen ein, die selbstbewusst von sich und ihrer Arbeit berichten können. Der Unterschied zwischen dem sozialen und dem liberalen Feminismus zeigt sich daher vor allem an der Gruppe von Frauen, denen der jeweilige Einsatz gilt. Ohne Zweifel gibt es Frauen und Männer, die sich als Sexarbeiterinnen und Sexarbeiter verwirklichen. Aber im Verhältnis zur Gesamtzahl der Prostituierten sind das privilegierte Ausnahmen. Ein liberaler Ansatz, der die individuelle Selbstverwirklichung ins Zentrum stellt, kommt immer denen zugute, die bessergestellt sind. Für die Frauen, die in der sozialen Hierarchie weit unten stehen, bietet er kaum Hilfe. Im Leben dieser Frauen spielt Selbstverwirklichung nur eine untergeordnete Rolle. Sie kämpfen um ihr Überleben. Vor dem Hintergrund dieser Problematik wird deutlich, warum der postmoderne Feminismus immer ein Phänomen der liberalen Mittelschicht geblieben ist.

Um eine Antwort auf die Frage zu finden, wie wir zusammenleben wollen, reicht ein individualistischer Ansatz nicht aus. Allein für Vielfalt zu werben heißt letztlich, sich für bessere Bedingungen der individuellen Freiheit einzusetzen. Jeder soll sein Leben so weit wie möglich selbst gestalten können. Aber das sagt noch nichts über unser Zusammenleben aus. Es bedeutet nur, dass wir uns wechselseitig so viel Spielraum lassen, wie es möglich ist, damit wir uns nicht zu sehr in die Quere kommen. Wenn wir uns über unser Zusammenleben verständigen wollen, müssen wir dagegen von der Gemeinschaft ausgehen. Wir müssen uns fragen, wie wir uns aufeinander beziehen wollen und was wir bereit sind, für die Gemeinschaft zu tun. Der Freiheit stehen dann auch Pflichten gegenüber. Bloß für das Anderssein einzutreten heißt dagegen, sich auf das Nebeneinander individueller Lebensentwürfe zu beschränken. Über die Qualität unseres Zusammenlebens kann aus dieser Sicht nichts weiter gesagt werden. Denn jeder Lebensentwurf erscheint genauso gut wie jeder andere, solange gewährleistet ist, dass keiner den anderen beeinträchtigt. Das politische Ziel besteht hier allein darin, jedem Lebensentwurf das gleiche Recht und die gleichen Chancen auf Verwirklichung einzuräumen.

Ein individualistischer Ansatz kann immer nur die Bedingungen der individuellen Freiheit klären. Vielen mag das vielleicht ausreichen. Aber wenn wir nichts weiter über unser Zusammenleben zu sagen haben, dann werden sich die Lebensentwürfe durchsetzen, die den wirtschaftlichen Anforderungen am besten entsprechen. Denn in einer Marktgesellschaft entscheidet allein der ökonomische Erfolg über das soziale Gefüge und die Anerkennung von Leistungen. Während wir uns in vielen Lebensbereichen als Mitglieder einer Gemeinschaft erleben, sind wir für den Markt nur eine Anzahl von Individuen, die gute oder schlechte Entscheidungen fällen und mit den Konsequenzen leben müssen. Der Markt vereinzelt und sortiert die Menschen. Wenn wir keinen anderen Maßstab als die Vielheit haben, um uns darüber zu verständigen, welche Verhaltensweisen wir gutheißen wollen, laufen wir Gefahr, unser Zusammenleben den Mechanismen des Marktes auszuliefern. Die postmoderne Pluralität kann nicht das letzte Wort sein. Wenn wir dem etwas entgegensetzen wollen, müssen wir solche Lebensbereiche in den Vordergrund rücken und uns zum Maßstab nehmen, in denen wir uns nicht als vereinzelte Marktteilnehmer verhalten. Nur so ist es möglich, über die individuelle Freiheit hinaus zu Wertschätzungen zu kommen, die für unser Zusammenleben leitend sein können.

Dazu könnte es hilfreich sein, nicht das einzelne Individuum, seine sexuelle Identität und seine Potenziale, sondern die Tätigkeiten ins Zentrum zu stellen, die wir tagtäglich verrichten. Denn unser Leben besteht aus einer Vielzahl von Tätigkeiten, die häufig auf die Erwerbsarbeit verengt werden. Wenn wir gefragt werden, was wir tun, wird das oft gleichbedeutend mit der Frage nach unserem Beruf verstanden. Dabei stellt der Beruf nur eine Tätigkeit unter vielen dar. Wir pflegen unseren Körper, bereiten Essen zu, räumen die Wohnung auf, organisieren unser Leben und unter Umständen auch das Leben derer, die es nicht selbst können, seien es nun Kinder, Kranke oder Alte. Auch wenn wir einen Beruf haben, widmen wir viele Stunden in der Woche solchen Tätigkeiten, die wir als wichtig empfinden. Wenn ich jedoch auf die Frage danach, was ich tue, antworten würde, dass ich mich um den Haushalt kümmere, würden viele daraus den Schluss ziehen, dass ich nichts mache. Das Bild, das andere von uns haben, ist stark durch unsere berufliche Position geprägt. Wir definieren uns sehr weitgehend über unsere Erwerbsarbeit und weisen den Tätigkeiten, die für unser Leben häufig genauso wichtig sind, oft nur einen untergeordneten Rang zu.

Seit dem 19. Jahrhundert, aus dem unser Begriff der Arbeit stammt, wird zwischen produktiver und reproduktiver Arbeit unterschieden. Als produktiv werden alle Tätigkeiten verstanden, die auf die Erzeugung von Gütern ausgerichtet sind und die Menge der Waren erhöhen, ob es sich dabei nun um materielle oder nichtmaterielle Dinge handelt. Reproduktiv ist hingegen die Arbeit, die nötig ist, um das menschliche Leben überhaupt zu erhalten. Dazu zählt die Arbeit im Haus, die Betreuung von Kindern, die Zubereitung von Essen und die Pflege der Körper. Ohne die reproduktive Arbeit könnte die produktive Arbeit gar nicht geleistet werden. Und obwohl das so ist, steht die produktive Arbeit im sozialen Ansehen weit über der reproduktiven Arbeit. Produktiv zu sein ist traditionell die Sache der Männer. Sich um die

Kinder und die Alten zu kümmern gehört auch heute noch vorwiegend zu den Angelegenheiten der Frauen. Die Abwertung dieser Tätigkeiten drückt sich auch in den niedrigeren Löhnen für Dienstleistungen aus, die der reproduktiven Arbeit zugeordnet sind. Dabei ist das Zusammenleben, das aus der Sorge um andere hervorgeht, ein qualitativ höheres als die Beziehung, die wir zu anderen unter den gegenwärtigen Bedingungen des Wettbewerbs bei der produktiven Arbeit unterhalten. Wenn wir mit anderen in Konkurrenz stehen, bleibt jeder allein für sich und verhält sich zu allen anderen nur äußerlich. Bei der Fürsorge ist die Beziehung zum anderen immer präsent und in den innersten Bereich des eigenen Erlebens eingelassen. Das eigene Wohl hängt unmittelbar vom Wohl der anderen ab.

Die moderne Gesellschaft wurde bislang überwiegend von der Produktion her gedacht. Beschrieben worden ist sie meist als Industriegesellschaft, in der Arbeit und Wachstum zentral sind. Darin unterscheidet sich auch der Sozialismus nicht vom Kapitalismus. Erst die ökologische Krise hat uns deutlich gemacht, dass die moderne Gesellschaft von Ressourcen lebt, die sie nicht beliebig reproduzieren kann, sondern auf absehbare Zeit aufzehrt. Dabei handelt es sich keineswegs nur um natürliche Rohstoffe. Auch soziale Ressourcen können derart erschöpft sein, dass sie sich nicht mehr regenerieren lassen. Die Reproduktion des natürlichen und sozialen Lebens gehört zu den existenziellen Bedingungen jeder Gesellschaft, ob sie nun traditionell oder modern organisiert ist. Auf den ersten Blick mag es so aussehen, dass die moderne Gesellschaft aus Individuen besteht, die im Idealfall frei und selbstbestimmt leben und einen Beruf gemäß ihren Fähigkeiten und Interessen wählen können. Aber damit ein solches Leben gelingen kann, ist enorm viel Sorgearbeit nötig, die überwiegend in den Familien geleistet wird, ohne die es keine Individuen gäbe. Denn erst durch Fürsorge und Erziehung werden die Menschen zu Individuen, die in der Lage sind, selbständig zu sein. Und auch diese Individuen sind nicht für ihr restliches Leben frei und selbstbestimmt, sondern irgendwann wieder auf die Fürsorge anderer angewiesen.

In den letzten Jahren hat sich erneut eine feministische Bewegung herausgebildet, der es darum geht, der Sorgearbeit zu mehr Sichtbarkeit zu verhelfen. Ihr Ziel besteht darin, die moderne Gesellschaft und ihre Werte nicht mehr allein von der Produktion her zu verstehen. Da immer weniger Menschen der Sorge um sich und andere nachkommen können, bedarf es eines fundamentalen Wandels, der die reproduktive Arbeit der produktiven gleichstellt, einer *care revolution*. Das würde auch die Arbeitswelt und ihre Prinzipien verändern. Denn die Leistungen der produktiven Arbeit verdanken sich unendlich vielen Tätigkeiten der Fürsorge, die selbstverständlich vorausgesetzt werden, aber in keiner volkswirtschaftlichen Rechnung auftauchen. Wären wir uns der Sorgearbeit bewusst, die tagtäglich geleistet wird, müsste das wirtschaftliche Kalkül von Kosten und Nutzen völlig anders ausfallen. Die Debatte über nachhaltiges Wirtschaften kann nur sinnvoll geführt werden, wenn die reproduktive Arbeit nicht mehr übergangen wird. Wir müssen ganz neu darüber nachdenken, welche Leistungen wir honorieren wollen, wie unser Reichtum zustande kommt und verteilt wird und welche Werte für unser Zusammenleben maßgeblich sein sollen.

Auf ein Werk bezogen zu sein, ein Projekt voranzutreiben, ein Ziel vor Augen zu haben, ist etwas völlig anderes, als sich um einen anderen Menschen zu kümmern, der auf unsere Hilfe angewiesen ist. Wenn wir meinen, etwas geleistet zu haben, dann wollen wir, dass das auch gesehen wird. Wir wollen, dass Kollegen und Vorgesetzte unsere Anstrengungen zu schätzen wissen. Eine besondere Leistung soll auch besonders honoriert werden. Erst die Anerkennung, die wir von anderen bekommen, macht es möglich, dass wir uns den Erfolg zurechnen und ihn genießen können. Alles, was wir tun, um erfolgreich zu sein, tun wir daher immer auch, um unser Ansehen zu erhöhen. In der Fürsorge geht es dagegen um die Befriedigung, die wir daraus ziehen, für das Wohl anderer zu sorgen. Wenn ich die Anziehsachen unseres Sohnes glattstreiche und gefaltet in seinen Schrank lege, stelle ich mir vor, wie er sich freut, seine Lieblingshose frisch gewaschen vorzufinden und anziehen zu können. Wenn ich ihm sein Essen zubereite, sein Bett mache, sein Spielzeug wieder in Ordnung bringe, dann freue ich mich an der Freude, die ich damit bereite. Weil ich das, was ich tue, für ihn tue, ist er es auch, der mich beurteilt. Auch hier gibt es erfolgreiche und weniger erfolgreiche Tage. Und solche, an denen ich ihm gar nichts recht machen kann.

Diese Art von Arbeit wird nicht unter dem Blick anderer geleistet, vor denen ich glänzen will. Sie richtet sich unmittelbar auf einen konkreten Menschen. Die Belohnung besteht darin, dass es diesem Menschen gut geht. Mein Ansehen wird dadurch nicht gesteigert. Im Haushalt gibt es unzählige Verrichtungen, die wir tagtäglich für andere tun. Die damit verbundene Arbeit ist nicht produktiv. Nichts wird hervorgebracht. Die Wäsche, die ich in den Schrank lege, wird bald wieder schmutzig sein. Das Spielzeug, das ich gerade aufgeräumt habe, wird am nächsten Tag wieder verstreut herumliegen. Und das Essen muss täglich zubereitet werden. Reproduktive Arbeit kann zermürbend sein. Für andere da zu sein bedeutet auch, von sich absehen zu können. Das Ansehen, das wir durch Erfolg erwerben, lenkt den Blick hingegen auf uns selbst. Meistens wollen wir mehr davon, wenn es uns gelungen ist, etwas zu gelten. Wer bewundert wird, entfernt sich von den anderen. Die Tätigkeit der Fürsorge bringt ein anderes Ich hervor. Auf den ersten Blick stellt es seine Wünsche zurück. Aber seine Befriedigung kann sehr tief sein. Für unser Zusammenleben sollten wir von diesem Ich zu lernen wissen.

5. DIE DEMOKRATISCHE FAMILIE

Demokratie bedeutet, die Macht zu teilen. Nicht einer soll herrschen, auch nicht mehrere, sondern alle. Das gilt ebenso für das Gemeinwesen wie für die Familie. In der patriarchalen Familie herrscht nur einer. Alle anderen haben sich unterzuordnen und sollen gehorchen. Eine unumschränkte Alleinherrschaft, die den Bürgern ihre politische Freiheit nimmt, galt den antiken Philosophen als verwerflich, *tyrannís*. Für die Familie wurde sie von denselben Philosophen jedoch gefordert. Zur politischen Freiheit gehört es, sich selbst bestimmen zu dürfen. Nur wenn das für jeden Bürger gewährleistet ist, geht die Macht vom Volk aus, vom *dẽmos*. Im Unterschied zu allen anderen Formen der politischen Herrschaft versteht sich die Demokratie als die einzige, in der die Ausübung der Macht an die Zustimmung und die Teilhabe der Unterworfenen gebunden ist. In der antiken Demokratie wurde das durch große Versammlungen sichergestellt, in der jeder männliche Bürger das Recht zur Rede und zur Abstimmung hatte, *agorá*.

In der Familie dagegen hatte nur einer das Recht, die Entscheidungen für alle zu treffen. Eine Versammlung wurde nicht abgehalten. In der direkten Demokratie der Antike sollte die Selbständigkeit jedes einzelnen Bürgers zur Geltung kommen. Die häuslichen Bedingungen dieser Selbständigkeit bestanden dabei in der patriarchalen Alleinherrschaft. Das Recht, in der Versammlung öffentlich reden zu dürfen, und die Macht, zu Hause im Privaten das Sagen zu haben, waren unmittelbar aneinander gebunden.

Auch in der repräsentativen Demokratie soll das Volk über sich selbst herrschen. Die Regierung wird von den Bürgern gewählt und soll ihren mehrheitlichen Willen zum Ausdruck bringen. Aber selbst die, deren Meinung nicht mit der Mehrheit übereinstimmt, sollen die gewählte Regierung nicht als eine fremde Herrschaft erleben. Im Parlament sollen alle Meinungen vertreten sein, sodass sich jeder in der demokratischen Stellvertretung wiedererkennen kann. Als mögliche zukünftige Regierung hat die Opposition immer auch Anteil an der gegenwärtigen Regierung. Die Abgeordneten, die in den Wahlkreisen bestimmt werden, sollen das gesamte Volk abbilden, Männer und Frauen aus jeder Schicht und mit jedem Beruf. Als sich die Frauen das Wahlrecht erkämpft hatten und entsprechend repräsentiert wurden, ist nicht nur die demokratische Teilhabe deutlich erweitert worden. Zugleich wurde auch die Familie demokratisiert. Teilhabe am öffentlichen Raum bedeutet zugleich Mitsprache im privaten Haus. Heute stehen wir vor dem Problem, dass auch die Kinder repräsentiert werden müssen. Denn sie gehören ebenso wie die Männer und Frauen zum *dēmos*. Die Demokratie lässt sich vielleicht niemals vollenden. Aber ein Wahlrecht von Geburt an wäre ein entscheidender Schritt in diese Richtung.

Als unser Sohn drei Jahre alt war, hat er zum ersten Mal den Wunsch geäußert, für sich sein zu dürfen. Er saß auf dem Teppich in seinem Zimmer und spielte mit seinen Bausteinen. Ich war gerade dabei, frische Wäsche in seinen Schrank einzusortieren, als er deutlich machte, dass er allein sein wollte. Ich sollte gehen und hinter mir die Tür schließen. Bis dahin hatte die Tür immer offen gestanden. Und es war noch gar nicht so lange her, dass er lieber in unserem Wohnzimmer als in seinem Zimmer spielte. Höflich war seine Formulierung nicht gerade. Er schaute nicht einmal auf zu mir, sondern blieb versunken in sein Spiel. Im ersten Moment war ich gekränkt. Ich habe es immer sehr genossen, ihn zu tragen, auf den Armen, vor meiner Brust, auf den Schultern. In der Zeit, als wir den gesamten Tag miteinander verbrachten, waren unsere Körper fast immer irgendwie in Berührung. Ich zog ihn an, fütterte ihn, hielt ihn fest. Natürlich war das anstrengend. Aber die Nähe hat auch meinen eigenen Körper gebunden. Wenn er am Nachmittag auf meinem Bauch eingeschlafen ist, hat mich das enorm beruhigt, als wäre ich für einen Moment an dem einzig richtigen Ort auf der Erde.

Und jetzt wollte er das nicht mehr. Sicher hatte sein Bedürfnis nach Selbständigkeit schon viel früher eingesetzt, vermutlich bereits mit der Geburt, spätestens aber mit den ersten Versuchen, krabbelnd die Umgebung zu erkunden. Aber in dem Augenblick, in dem er es aussprach, fühlte ich mich plötzlich verloren. Ein Abschnitt unseres Zusammenlebens ging zu Ende. Auch wenn nicht ich unseren Sohn zur Welt gebracht habe und daher nicht wissen kann, wie sich das anfühlt, kam es mir vor wie eine zweite Abnabelung. Der neue Abschnitt, der wohl viel länger dauern wird, besteht jetzt darin, dass wir ihn bei seiner Selbständigkeit unterstützen. Auch Eltern müssen erst lernen, ihre Rolle zu verstehen. Mir ist die Einsicht nicht leichtgefallen, dass es in der Beziehung zu unserem Sohn nun darauf ankommt, ihn in die Lage zu versetzen, eines Tages das Haus und seine Eltern zu verlassen.

Um begreifen zu können, dass die politische Forderung nach einem Wahlrecht von Geburt an keine Nebensächlichkeit ist, sondern ins Zentrum der Demokratie führt, muss man tiefer in den historischen Zusammenhang von Familie und Politik eindringen. Denn dass Kinder zur Selbständigkeit erzogen werden, ist keineswegs selbstverständlich. Über Jahrhunderte galt die Gehorsamkeit gegenüber der Familie als oberstes Erziehungsziel. Nicht nur den Eltern, sondern der gesamten Verwandtschaft mit Ergebenheit zu begegnen, wurde als ein hoher Wert angesehen. Das galt gerade auch dann, wenn die Kinder erwachsen waren und längst eigene Kinder hatten. Auf diese Weise sollte sichergestellt werden, dass die Kinder die Ansprüche ihrer Eltern erfüllten, sowohl was ihr Vermächtnis anging, als auch im Hinblick auf ihre Versorgung. Die Familie umfasste daher stets mehrere Generationen und bestand aus einer großen Zahl an Verwandten. Das ist auch heute noch in vielen Kulturen der Fall. Die Zugehörigkeit zur eigenen Familie, die nicht selten den einzigen Schutz und den notwendigen Unterhalt gewährt, ist dann meist stärker als die Bindung an das politische Gemeinwesen und seine Einrichtungen.

Unter solchen Bedingungen ist es schwierig, eine demokratische Politik zu etablieren und zu erhalten. Viele Versuche scheitern am Zusammenhalt großer Familien. Oft beherrschen diese selbst dann noch die Politik, wenn das Gemeinwesen bereits demokratisch verfasst ist. Wichtige Posten werden bevorzugt an Verwandte vergeben. Mitglieder der eigenen Familie werden begünstigt, wo es nur geht. Und das gilt keineswegs allein für die höheren Ebenen, sondern überall dort, wo die Beziehungen zur eigenen Familie wirksamer sind als die Regeln des Gemeinwesens. Auch in bereits länger bestehenden Demokratien gibt es nach wie vor sehr einflussreiche Familien, bei denen sich politische und finanzielle Macht bündelt. Bereits in der Antike bestand daher eine wesentliche Aufgabe der demokratischen Herrschaft darin, den politischen Einfluss großer Familien zurückzudrängen. Nicht nur gegen die *tyrannís*, sondern vor allem gegen die Adelsherrschaft musste sich die Demokratie durchsetzen. Damit Ämter nicht von einem Verwandten zum nächsten weitergereicht werden konnten, wurden sie durch die Ziehung von Losen zugeteilt. Das Gemeinwesen sollte nicht durch große Familien und ihre politischen Bündnisse beherrscht werden, wie das in der europäischen Erbmonarchie bis weit in die Neuzeit hinein der Fall war. Ohne die Selbständigkeit der Kinder bilden große Familien eine politische Macht aus, die nicht mit der Demokratie vereinbar ist. Die Kette von einer Generation zur nächsten zu unterbrechen gehört zu den existenziellen Bedingungen der Demokratie.

Jedes Kind bedeutet eine Sicht auf die Welt, die es vorher noch nicht gab. Mit jeder Erfahrung und mit jedem Lernen fällen Kinder bereits ihre eigenen Urteile, viel früher, als uns das bewusst ist, schon von Geburt an. Und Kinder wollen, dass ihre Meinungen wahrgenommen werden, lange bevor sie erwachsen sind und sich in die politische Welt einbringen dürfen. Als unser Sohn sprechen konnte, fing er auch gleich an, Fragen zu stellen. Zunächst wollte er wissen, wie die Pflanzen, die Tiere und die Dinge heißen. Wenn wir im Wald unterwegs waren, fiel mir auf, wie wenige ich von den Sträuchern und Bäumen richtig benennen konnte. In der Wohnung gingen wir zusammen alle Gegenstände durch und überlegten, ob sie aus Metall, Holz oder Plastik gemacht waren. Auf der Straße musste ich häufig das merkwürdige Verhalten von Passanten erklären. Das war nicht immer leicht. Der eigene Körper wurde wichtig, kleine Punkte auf der Haut, wohin das Gegessene verschwindet, wer einen Penis hat und wer nicht. Dann kamen die Fragen nach dem Warum. Am häufigsten fragte unser Sohn, warum Menschen schlafen müssen, und meinte damit meist, warum er jetzt schon ins Bett musste. Eine Zeitlang mussten wir jeden Morgen besprechen, warum er in die Kita und wir zur Arbeit gehen müssen. Wenn er mit der Antwort zufrieden war, gab er uns Spielzeuge mit, damit wir einen tollen Tag hatten. Sobald Kinder in der Lage sind, einen Satz zu formulieren, sind sie auch fähig, die Welt in Frage zu stellen.

In der antiken Philosophie wurde der Mensch als ein politisches Lebewesen verstanden, *zōon politikón*. Damit war gemeint, dass wir unser Zusammenleben selbst untereinander aushandeln, dass wir diskutieren und streiten müssen. Der politische Raum kennt keine verbindliche Ordnung. Zentral für diese Auffassung ist das Verständnis der Sprache. Da alles, was ist, in der Sprache verdoppelt und verändert wird, erscheint alles auch als anders möglich. Aus diesem Grund sind politisches und sprachliches Handeln eng aneinander gebunden. Dass der Mensch in dem Moment, in dem er als sprechendes Wesen aufgefasst wird, zugleich auch als politisches Wesen verstanden werden muss, war eine radikale Einsicht, die den Horizont ihrer eigenen Zeit überschritt. Denn genau so, wie es den damaligen Philosophen nicht in den Sinn kam, dass es ein Recht der Frauen auf Mitsprache geben muss, fällt es uns heute schwer, Kinder als politische Wesen zu begreifen. Wenn Kinder die Welt mit ihren Fragen nach dem Warum in Frage stellen, dann bringen sie uns nicht selten in Erklärungsnot. Wir wissen oft nicht, warum sich die Dinge so verhalten und nicht anders. Vielleicht verändert sich unsere Welt nur, weil Kinder ihren Eltern unaufhörlich Fragen stellen. Der *dēmos* erneuert sich ständig. Das ist sein Wesen. Und dennoch kommen Kinder in den demokratischen Einrichtungen kaum vor.

Jede Familie beginnt neu. Ob es sich nun um ein eigenes oder ein adoptiertes Kind handelt, eine Familie wird dadurch zur Familie, dass Erwachsene die Verantwortung für ein Kind übernehmen und für sein Wohlergehen sorgen, bis es selbst erwachsen ist und über sich bestimmen kann. Im Zentrum der Familie stehen das Kind und sein zukünftiges Leben. Für uns heute klingt das selbstverständlich. Die Eltern gruppieren sich um das Kind in ihrer Mitte. Aber das war nicht immer der Fall. Früher wurden Kinder vor allem als Nachkommen angesehen. Ihre Aufgabe bestand darin, den familiären Stammbaum fortzusetzen. Kinder bildeten nicht den Anfang einer neuen Familie, sondern galten als Glied einer langen Kette von Ahnen und Urahnen. Die Familie begann nicht neu mit dem Kind, sondern gliederte sich in den über Generationen gewachsenen Zusammenhang von Verwandtschaften ein, während heute die Geburt eines Kindes zumeist die Gründung einer eigenen Familie bedeutet.

Die Selbständigkeit der Kinder hängt unmittelbar von der Selbständigkeit der Familien ab. Verdeutlichen lässt sich das am Erbrecht. Früher war oft nur der erstgeborene Sohn berechtigt, das Familienerbe anzutreten. Nur einer sollte das Sagen haben und das neue Oberhaupt der Familie werden. Die anderen Söhne mussten sich ihm unterordnen oder anderswo ihr Glück suchen. Und die Töchter, ausgestattet mit einer Mitgift, mussten sich in die Familie ihres Ehemanns einfügen. Damit sollte erreicht werden, dass der Familienbesitz erhalten blieb. Ansonsten drohte die Gefahr einer Zersplitterung des Vermögens. Im Gegensatz dazu soll das moderne Erbrecht gerade sicherstellen, dass alle Kinder am Erbe beteiligt werden und ihre eigene Familie gründen können. Für den Fall, dass dies nicht der Wille der Erblasser war, gibt es aus diesem Grund einen Pflichtteil, der jedem Kind zusteht. Im modernen Erbrecht steht nicht das Bewahren, sondern das Ermöglichen im Vordergrund. Dass die Vermögen aufgeteilt werden, soll dabei die Anhäufung großer Besitztümer über eine lange Kette von Generationen verhindern. Denn gerade für eine Demokratie kann die ausgeprägte Ungleichheit der Vermögen zu einer Bedrohung werden. Die Demokratie besteht nicht nur einfach darin, dass mündige Bürger ihre politischen Stellvertreter wählen dürfen. Sie hat ihre Voraussetzung in einer demokratischen Familie, ohne die es keine mündigen Bürger gäbe. Nur wenn die Familien selbständig sind, können auch die Kinder zur Selbständigkeit erzogen werden. Jede Demokratie ist darauf angewiesen, dass die politische Diskussion nicht abbricht. Von jeder Generation muss sie erneut geführt werden. Und nur unter den Bedingungen einer demokratischen Familie ist es auch den Eltern möglich, von ihren Kinder zu lernen.

Es ist ein Irrtum, dass Eltern ihre Kinder erziehen. Früher war es gängige Praxis, seine Kinder anzuschreien oder sogar zu schlagen. Auch heute denken viele noch, im Umgang mit Kindern nicht ganz auf Gewalt verzichten zu können. Alles aushandeln und besprechen zu müssen ist anstrengend. Und die Gegenrede kann einen manchmal an den Rand der Verzweiflung bringen. Wenn unser Sohn unbedingt nur die eine Hose mit dem aufgenähten Fußball anziehen will, die sich gerade in der Wäsche befindet, kann es lange dauern, bis ich ihn davon überzeugt habe, dass er sich eine andere aussuchen muss und das auch kann. Oft unterschätzen wir die Bereitschaft von Kindern, Dinge einzusehen. Aber dazu müssen wir zunächst einmal ihre Sicht und ihren Willen kennenlernen. Ich muss verstehen, warum nur diese eine Hose in Frage kommt und keine andere. Erst dann kann ich mit ihm zusammen überlegen, wie wir dieses Problem lösen können. Früher bestand die Idee von Erziehung darin, den Willen des Kindes zu brechen, um ihn anschließend zu formen. Auch heute sind viele wieder der Ansicht, dass Kinder nicht mehr richtig erzogen werden und dass mehr Autorität nötig ist.

Selbstverständlich brauchen Kinder klare Regeln. Wie Erwachsene auch. Aber Erziehung findet nicht nur in eine Richtung statt. Die Familie ist eine lernende Gemeinschaft. Unser Sohn erobert sich oft Plätze in unserer Wohnung, die nicht für ihn vorgesehen waren. Auf diese Weise fordert er sein Recht zur Mitsprache bei unseren Entscheidungen ein. Wir verändern uns mit seinen Veränderungen, und ihm gefallen Dinge, die uns nicht gefallen. Er hat seinen eigenen Geschmack, seine eigenen Vorlieben und weiß oft sehr genau, wie etwas sein soll. Damit müssen wir uns auseinandersetzen, auch wenn es anstrengt. Manchmal ist es quälend, wenn unser Sohn sich weigert, etwas zu tun, was bis dahin problemlos war. Er will nicht mehr auf seinem Stuhl sitzen, er will seine Schuhe nicht mehr anziehen, er verkündet mit großem Ernst, dass er ab jetzt nicht mehr aufräumen wird. Was gestern noch gut war, ist heute schrecklich. Meistens dauert es eine Weile, bis wir verstehen, was gerade in ihm vorgeht. Oft sind wir aber auch beeindruckt, wie überzeugend uns dann seine Gründe erscheinen. Unser Ziel ist es, ihm beizubringen, sich selbst zu beherrschen. Aber Selbstbeherrschung ist nicht das Gleiche wie Disziplin, die heute wieder gefordert wird. Selbstbeherrschung heißt zu wissen, was einem guttut und was nicht. Wir wollen, dass er in der Lage ist, seine eigenen Entscheidungen zu treffen. Um das zu erreichen, müssen wir ihm auch das Recht zur Mitsprache einräumen. Im Umgang mit Kindern kann man die enormen Anstrengungen der Demokratie erlernen. Nichts lässt sich befehlen, ohne zu schaden. Je mehr Männer und Frauen an der Familienarbeit beteiligt sind, desto deutlicher sind auch die Auswirkungen auf unser politisches Zusammenleben. Zuhören ist eine politische Tugend. Wie in der demokratischen Familie sind auch in der demokratischen Politik die Rede und die Gegenrede entscheidend.

In den letzten Jahrzehnten hat sich die Familie sehr verändert. Die Vorherrschaft des Stammvaters ist an ihr Ende gekommen, *patriárchēs*. Viele Paare sehen sich als gleichberechtigt an. Und wenn sie heiraten, tun sie das nicht mehr, um einen Besitzanspruch geltend zu machen, sondern um ein Versprechen zu festigen. Auch wenn es nicht immer gelingt, ist die Absicht, ein Leben lang zusammenzubleiben, oft mit dem Wunsch verbunden, eine eigene Familie zu gründen. Das Institut der Ehe gibt dem einen rechtlichen Rahmen. Die älteste Arbeitsteilung zwischen Mann und Frau ist dabei nicht mehr selbstverständlich: Immer mehr Väter beteiligen sich an der Familienarbeit und erschließen sich damit eine existenzielle Lebenserfahrung, zu der sie früher keinen Zugang hatten. Die politische Demokratisierung, die in der europäischen Geschichte mit der Hinrichtung des absolutistischen Königs im Verlauf der Französischen Revolution begonnen hat, führte nicht nur zur politischen Selbstbestimmung zunächst der Männer und dann der Frauen, sie hat auch die Familien von den autoritären Figuren der Herrschaft befreit. Diese historische Unterbrechung der väterlichen Stammbäume machte es möglich, dass mit den Kindern nicht mehr die Herkunft, sondern die Zukunft in den Mittelpunkt der Familien rückte. Während in der antiken *familia* die Bewahrung der väterlichen Macht im Vordergrund stand, ist die moderne Familie auf die Ermöglichung neuen Lebens ausgerichtet.

Die Entmachtung der despotischen Väter kommt aber nicht nur den Frauen und Kindern zugute, sondern auch den Männern. Erst die demokratische Familie lässt sie Anteil an einer Gemeinschaft haben, für deren Wohlergehen die Fähigkeit zentral ist, sich in andere einzufühlen. Von dieser Fähigkeit lebt sowohl die familiäre als auch die politische Demokratie. Aus diesem Grund ist es wichtig, nicht nur die Familie zu demokratisieren, sondern umgekehrt auch der

Familie einen gewichtigen Stellenwert in der politischen Demokratie einzuräumen. Wer die seit langem gezogene Grenze zwischen den politischen und den häuslichen Räumen überwinden will, darf sich nicht nur für die jeweiligen Rechte der Frauen, Männer und Kinder einsetzen, sondern muss im Gegenzug auch über die politische Repräsentation der Familie nachdenken. Bei einem Wahlrecht von Geburt an nehmen die Eltern die Stimmabgabe für ihre Kinder wahr, bis diese selbst dazu in der Lage sind. Damit würde die Familie nicht nur als Grundlage des Gemeinwesens angesehen, sondern zu einer eigenständigen politischen Größe werden. Durch die Einbeziehung der Familie als Familie würde das Parlament den *dēmos* umfassender abbilden, als das in der gegenwärtigen Demokratie der Fall ist. Früher wurde nur Männern der Zugang zur Politik gewährt. Heute halten wir es für selbstverständlich, dass den Frauen das gleiche Recht zusteht. Es fehlen die Kinder. Die liberale Demokratie ist eine große historische Errungenschaft. Aber es ist an der Zeit, sie weiterzuentwickeln.

Es ist keineswegs sicher, dass es unsere heutige Demokratie auch weiterhin geben wird. Viele fühlen sich nicht mehr repräsentiert. Sie haben den Eindruck, dass die Abgeordneten nicht mehr alle Meinungen des Volkes abbilden. Tatsächlich teilen die politischen Stellvertreter immer seltener die Erfahrungen ihrer Wähler. Sie stammen aus anderen Schichten, haben andere Berufe und sprechen auch anders. In sozialer und beruflicher Hinsicht ist der Ausschnitt der Lebenswirklichkeiten, der von den Abgeordneten widergespiegelt wird, kleiner geworden. Die politischen Parteien haben sich professionalisiert, die Politik wirkt wie ein vorab organisierter Betrieb. Vielen erscheint ihr Wahlrecht daher sinnlos. Dabei ist die Sicht derer, die sich ausgeschlossen fühlen, besonders wichtig. Denn es sind nicht nur die Erfolgreichen, die uns etwas zu sagen haben. Es gibt viel mehr Leistungsträger in unserer Gesellschaft, als wir wahrnehmen. Aber das Versprechen der Demokratie, die Macht zu teilen, wird heute kaum noch erfüllt. Die ungestaltete Globalisierung und die Ausweitung des Marktes haben zur Entstehung einer ungeheuren wirtschaftlichen Macht geführt, die den *dēmos* längst außer Kraft gesetzt hat. Daher müssen wir uns die Erfahrungen der antiken Demokratie wieder aneignen, um die undemokratische Herrschaft der Einflussreichen zu unterbrechen. Um das zu bewirken, reicht es nicht aus, die repräsentative Demokratie um Elemente einer direkten Demokratie zu ergänzen und Volksentscheide von der kommunalen bis zur nationalen Ebene und ebenso europaweit zu fordern. Die Demokratisierung muss die gesamte Gesellschaft erfassen. In den Unternehmen muss die Beteiligung der Mitarbeiter viel weiter gehen als heute, dasselbe gilt für öffentliche Einrichtungen und staatliche Behörden. Nur wer mitbestimmen kann, wird sich auch wirklich einbringen. Allein so können Karrierewege vom Einfluss undemokratischer Interessen entkoppelt werden. Vielleicht müssen wir sogar wieder Ämter per Los zuteilen. Im 19. Jahrhundert hat die Arbeiterbewegung den Übergang von der liberalen zur sozialen Demokratie erkämpft. Heute helfen uns die Konzepte des vergangenen und gescheiterten Sozialismus nicht mehr. Trotzdem stehen wir vor den gleichen Problemen. Wir müssen uns die Frage stellen, wie eine soziale Demokratie, an der alle politisch und materiell beteiligt sind, aussehen kann.

Das Teilen von Macht geht mit Konflikten einher. Das ist in der Familie nicht anders als in der Demokratie. Sich auseinanderzusetzen bedeutet nicht nur, die Anstrengung auf sich zu nehmen, nach einer gemeinsamen Lösung zu suchen. Es heißt auch, sich wechselseitig wahrzunehmen. Das politische Gefühl der Zusammengehörigkeit ist nicht einfach aufgrund von gemeinsamen Merkmalen gegeben. Es muss erzeugt und erhalten werden. Konflikte so auszutragen, dass sie die Streitenden aneinander binden, ist vielleicht die höchste demokratische Kunst. Wenn es gelingt, eine Auseinandersetzung so zu führen, dass das heftige Ringen um die Unterschiede zugleich Verständnis hervorbringt, kann das ein sehr eindringliches Erlebnis sein. In der athenischen Demokratie wurden nicht die verachtet, die anderer Meinung waren, sondern die, die keine Meinung hatten. Wer sich nicht in die politische Auseinandersetzung einbrachte, wurde als schlechter Bürger angesehen. Diese Verpflichtung des Einzelnen auf die Gemeinschaft ging sehr weit. Denn sie betraf nicht nur den extremen Fall des Krieges mit anderen Stadtstaaten, bei dem alle unter Beweis stellen mussten, dass sie bereit waren, das Gemeinwesen zu verteidigen. Sie galt auch für die weit schwierigere Lage eines Bürgerkrieges, *stásis*. In diesem Fall sollten sich alle Bürger jeweils einer der streitenden Parteien zuordnen, um getrennt und doch zusammen eine Entscheidung herbeizuführen.

Die liberale Demokratie überlässt es dagegen jedem Bürger selbst, ob er sich als politisch betrachtet oder nicht. Im Unterschied zur antiken Demokratie werden Konflikte unter modernen Bedingungen meist dadurch gelöst, dass die

Spielräume für individuelle Entscheidungen und Lebensentwürfe vergrößert werden. Neben den Bürger, der sich für die Gemeinschaft einsetzt, *citoyen,* tritt der Bürger, der sich um sein privates Wohlergehen kümmert, *bourgeois.* Das Problem des Liberalismus und seiner wichtigen Errungenschaft einer privaten Freiheit besteht darin, dass es immer schwieriger wird, eine gemeinsame Entscheidung zu fällen. Aus dem demokratischen Miteinander ist ein demokratisches Nebeneinander geworden. Entscheidungen kommen zunehmend durch Gerichtsverfahren zustande. Die Fähigkeit, sich wechselseitig wahrzunehmen, wird immer weniger eingeübt. Aus diesem Grund versagt der Liberalismus, wenn es um existenzielle politische Fragen geht. Eine soziale Demokratie müsste nach Wegen suchen, die demokratische Gemeinschaft wieder zur Erfahrung zu bringen. Für die antiken Bürger gehörte der Waffengang zu den wichtigsten Einsätzen für die Demokratie. Der moderne Wehrdienst, zu dem in der Regel alle männlichen Bürger verpflichtet sind, hat an diese Tradition der Bürgerheere angeschlossen. An dessen Stelle könnte heute ein allgemeiner Zivildienst treten, der Männer und Frauen zur Ableistung eines sozialen Jahres verpflichtet. Sich nicht nur auf den eigenen Lebensweg zu beschränken könnte zukünftig zu den politischen Übungen gehören, von denen das Überleben der Demokratie abhängt.

Seit zwei Jahrzehnten verspricht jede Regierung, mehr in Bildung zu investieren. Und trotzdem ist wenig geschehen. Die Schulklassen sind viel zu groß. Die Schulgebäude sind oft heruntergekommen. Nicht selten sind die Lehrer überfordert. Ihnen werden alle Probleme überantwortet, die aus dem zunehmenden Druck resultieren, unter dem zahlreiche

Familien stehen. Der Alltag ist unübersichtlich geworden. Es müssen mehr Entscheidungen gefällt werden als je zuvor. Der Konkurrenzkampf weitet sich aus. Viele Eltern sind nicht mehr in der Lage, ihren Kindern auf dem Weg in ein eigenes Leben zu helfen. Alle Konflikte, ob es sich nun um soziale, kulturelle, ethnische oder religiöse handelt, verdichten sich im Schulalltag. Wenn es hier zu keinem Miteinander kommt, wird das auch später nicht mehr der Fall sein.

Staatliche Schulen waren einmal gut angesehen. Der Standard in Deutschland war im Vergleich zu vielen anderen Ländern sehr hoch. Heute ist der Unterschied zwischen wenigen guten und vielen schlechten Schulen so groß geworden, dass bereits die Wahl der Schule den Lebensweg bestimmt. Das führt dazu, dass Eltern aus der Mittelschicht alles dafür tun, dass ihre Kinder nicht auf sogenannte Problemschulen gehen müssen. Das ist nachvollziehbar. Für unser Zusammenleben ist es jedoch eine Katastrophe. Aus liberaler Sicht ist die Vielfalt der Individuen ein hohes Gut. Sie soll zugleich Ausgangspunkt und Zielhorizont aller staatlichen Maßnahmen sein. Wenn die Vielfalt jedoch nicht besser organisiert wird als heute, werden die Auseinandersetzungen in Zukunft erbitterter geführt. Die Zugehörigkeit zu sozialen, kulturellen, ethnischen oder religiösen Gruppen wird dann nicht schwächer, sondern im Gegenteil stärker werden. Denn oft bedeuten sie für diejenigen, die von der Freiheit, sich selbst verwirklichen zu dürfen, keinen Gebrauch machen können, den einzigen Schutz und die Quelle ihrer Identität. Mehr Geld für Bildung auszugeben ist deshalb nicht nur eine wirtschaftliche, sondern auch eine politische Investition. In Ländern, in denen die staatlichen

Schulen unzureichend ausgestattet sind, die Gesundheits-versorgung überwiegend privat organisiert wird und es kaum öffentlich finanzierte Medien gibt, ist die Spaltung der Bevölkerung besonders groß, auch wenn es sich dabei um insgesamt reiche Länder handelt. Unter diesen Bedingungen werden sich die Mittelschichten, die über Bildung und Vermögen verfügen, zunehmend abschotten gegen Unterschichten, die der Verwahrlosung preisgegeben sind. Die Pflicht zu einem sozialen Jahr würde dazu beitragen, eine andere als nur die eigene Lebenswirklichkeit kennenzulernen. Es würde helfen, die Fähigkeit der Einfühlung zu erlernen. Wenn wir uns allein auf den Liberalismus und seine Gesetze des Marktes verlassen und es weiterhin versäumen, die demokratische Gemeinschaft für alle erfahrbar zu machen, dann werden wir die Entstehung von Gemeinschaften erleben, die alles andere als demokratisch verfasst sind. Um das zu verhindern, müssen wir begreifen, dass die demokratische Teilhabe bereits in den Familien beginnen und den gesamten Bildungsweg begleiten muss. Aber Kinder haben keine ausreichende Vertretung ihrer Interessen. Ein Familienwahlrecht würde das ändern.

Noch heute schäme ich mich dafür, dass ich meine Schmutzwäsche oft nach Hause gebracht habe, als ich längst ausgezogen war. Auf einer Fahrt, die über zwei Stunden dauerte, führte ich einen riesigen Sack mit gebrauchten Kleidungsstücken mit mir, nur weil ich zu faul war, mich selbst um die Reinigung zu kümmern. Meine Mutter hat sich nie beklagt. Als Hausfrau war sie es gewohnt, solche Arbeiten auch für ihre erwachsenen Kinder noch zu erledigen. Wenn ich wieder abfuhr, lagen meine Kleidungsstücke gewaschen und gefaltet bereit. Heute weiß ich, dass meine Mutter nie wirklich freihatte, nicht am Wochenende und nicht im Urlaub. Für sie gab es immer etwas zu tun. Im Nachhinein wundere ich mich, warum uns Kindern nicht mehr Aufgaben im Haus zugewiesen wurden. Zwar musste ich ab und zu meinem Vater helfen, wenn irgendetwas anlag, bei dem er Unterstützung benötigte. Aber wirkliche Verantwortung wurde uns selten abverlangt. Die Hausarbeit war für uns Kinder beinahe unsichtbar. Es erschien uns als selbstverständlich, dass alles immer sauber und in Ordnung war.

In der demokratischen Familie müssen sich dagegen alle an der Hausarbeit beteiligen. Auch die Kinder. Alle müssen einen eigenständigen Beitrag für das Zusammenleben leisten. Etwas zu lernen und zu können, sich um etwas kümmern zu müssen, ist oft viel befriedigender, als frei von Mühen und Pflichten zu leben. Das gilt ebenfalls für Kinder. Sie wollen selbständig sein und Verantwortung tragen. Unser Sohn ist jetzt vier Jahre alt. Er will nicht nur gelobt werden, wenn er etwas gut gemacht hat. Er will sich auch einbringen und mithelfen. An einem Abend vor einigen Wochen wollte er, dass ich vor dem Schlafengehen noch mit ihm spiele. Aber ich hatte keine Zeit, weil ich das Essen vorbereiten musste für einen Ausflug mit seiner Kita-Gruppe am nächsten Tag. Das habe ich ihm erklärt. Sofort hat er seinen kleinen Stuhl an die Arbeitsplatte in der Küche geschoben und mir geholfen, die Brote zu belegen und das Gemüse zu schälen. Ich habe ihm gezeigt, wie er mit dem Messer umgehen muss, damit er sich nicht verletzt. Natürlich dauerte alles viel länger. Und manchmal hatten wir kurze Auseinandersetzungen über die Reihenfolge der Arbeitsschritte. Aber als wir endlich fertig waren, hatte ich das Gefühl, dass wir uns bei diesem gemeinsamen Tun sehr nahegekommen waren. Er war unglaublich stolz darauf, seinen kleinen Rucksack mit den Speisen füllen zu können, die wir zusammen zubereitet hatten. Ich sagte ihm, es sei jetzt an der Zeit, ins Bett zu gehen, damit wir am nächsten Tag frühzeitig aufstehen können. Ohne weitere Aufforderung suchte er ein Buch aus, das wir vor dem Einschlafen noch anschauen wollten, und ging sich die Zähne putzen. Obwohl ich gar nicht mitfuhr, freute ich mich zusammen mit ihm auf den Ausflug. Auf einmal kam es mir so vor, als hätten wir gemeinsame Pläne für den kommenden Tag. Das war der Grund unserer innigen Nähe.

Natürlich ist unser Sohn oftmals zu faul, sein Zimmer aufzuräumen. Und manchmal ist er zu gar nichts zu bewegen. Aber an diesem Abend ist mir klar geworden, wie wichtig es ist, sich viel häufiger etwas zusammen vorzunehmen, ob es sich nun um große oder kleine Dinge handelt, und dabei die Verantwortung zu teilen. Das fällt mir nicht immer leicht. Oft bevormunde ich unseren Sohn und merke es erst viel zu spät. Manchmal habe ich auch nicht die Geduld dazu, ihn machen zu lassen. Und zuweilen bilde ich mir ein, ihm etwas Gutes zu tun, wenn ich ihm viel zu weit entgegenkomme. Aber wenn es uns gelingt, gemeinsam zu handeln, dann sind die Momente unseres Zusammenseins großartig. Die stärkste Bindung entsteht aus der Mitsprache und der Verantwortung, die daraus erwächst. In der politischen Demokratie ist das nicht anders.

Die Aufgaben des Staates, der Länder und der Gemeinden sind in den letzten Jahrzehnten immer umfangreicher geworden. Es handelt sich längst nicht mehr nur um die Aufrechterhaltung der öffentlichen Ordnung und den Schutz der Bevölkerung. Die staatliche Daseinsvorsorge umfasst heutzutage alle möglichen technischen, rechtlichen, sozialen, medialen und kulturellen Leistungen, die es uns überhaupt erst ermöglichen, unser alltägliches Leben zu gestalten. Damit unser Gemeinwesen funktioniert, muss enorm viel getan werden. Meistens sehen wir nicht, wie viel Aufwand betrieben wird, damit die Qualität unseres Trinkwassers hoch ist, die Lebensmittel, die wir zu uns nehmen, ungefährlich sind, und die Abfälle, die wir Tag für Tag hinterlassen, abtransportiert und entsorgt werden können. Nur im Falle einer Katastrophe würden wir feststellen, was es hieße, wenn wir keinen Notdienst mehr rufen könnten, wenn die Feuerwehr keine Einsätze mehr führe und die Polizei nicht mehr auf unsere Bitten um Hilfe reagierte. Und trotzdem ist unsere Auffassung von Politik am einzelnen, als autonom verstandenen Individuum orientiert. Die meisten von uns haben sich daran gewöhnt, in einem Gemeinwesen zu leben, das ihnen eine Fülle an Leistungen anbietet. Viele finden, dass die Abgaben, die sie für das Gemeinwesen zu zahlen haben, viel zu hoch sind, dass der Staat ihnen etwas wegnimmt von dem, was sie sich allein erarbeitet haben. Sie vergessen, dass sie vermutlich gar kein Einkommen hätten ohne ein gut organisiertes Gemeinwesen.

Kein Individuum hat das, was es geleistet hat, allein geleistet. Ein autonomes Individuum existiert nicht. Jeder lebt in irgendeiner Weise mit anderen zusammen. Dem muss unsere Auffassung von Politik gerecht werden. Denn jedes Individuum wird überhaupt nur zu einem Individuum aufgrund des sozialen Zusammenhangs, in den es zu jeder Zeit eingebettet ist. Trotzdem haben Menschen, die ihr privates Eigentum pflegen und beschützen, häufig kein Problem damit, ihren Müll auf Spielplätzen und in Parks liegenzulassen. Um das Wegräumen kümmern sich andere. Ihnen fehlt die Beziehung zu den öffentlichen Räumen und einer Verantwortung, die über ihre Privatinteressen hinausgeht. In ihren Augen hat öffentliches Eigentum keinen hohen Wert, selbst dann nicht, wenn sie dessen Vorteile in Anspruch nehmen. In einer sozialen Demokratie müssen Mitsprache und Verantwortung so aneinander gebunden sein, dass jeder einbezogen wird. Nur wenn mit den Rechten auch Pflichten einhergehen, kann unser Zusammenleben erneut zu einer Angelegenheit aller im antiken Sinne werden, *res publica*.

Vielleicht sollte den Bürgern nicht alles abgenommen werden. Viele engagieren sich freiwillig in Vereinen und Verbänden und haben so die Möglichkeit, soziale Erfahrungen zu machen und umfassendere Sichtweisen kennenzulernen, die sie über ihr privates Leben hinausheben. Eine ehrenamtliche Tätigkeit hilft nicht nur denjenigen, denen sie zugutekommt. Sie verändert auch die Einstellung der Tätigen zu Problemlagen und Lösungswegen. Wenn wir alle sozialen Aufgaben den staatlichen Behörden überantworten oder private Dienstleister damit beauftragen, dann werden die Fähigkeiten, die in der Auseinandersetzung mit sozialen Problemen erworben werden, im öffentlichen Raum eine immer geringere Rolle spielen. Wenn jeder nur für sich die Verantwortung übernimmt, wird unser gemeinsamer Horizont in absehbarer Zeit sehr viel begrenzter sein. Nicht wenige sind schon jetzt in ihr eigenes Erleben eingeschlossen. Damit unser Gemeinwesen nicht zerfällt, brauchen wir mehr geteilte Erfahrungen als zurzeit. Vielleicht sollten wir ehrenamtliche Tätigkeiten zur Pflicht machen. Jeder sollte eine bestimmte Zeit in der Woche oder im Jahr beruflich freigestellt werden, um sich einer öffentlichen Aufgabe zu widmen, sei es die Übernahme einer Patenschaft für einen Park, für einen Spielplatz oder die Beteiligung an einem sozialen Projekt. Nicht jedem liegt jede Tätigkeit, aber jeder muss sich einbringen. Die antike Demokratie verpflichtete jeden Bürger zur Bereitschaft, ein öffentliches Amt zu bekleiden, und auch heute müssten wieder Wege gefunden werden, die Bürger in die Verwaltung und Pflege des öffentlichen Eigentums einzubeziehen. Nur wer sich um etwas kümmert, wer Mitsprache hat und Verantwortung trägt, wird einen starken Bezug zum Gemeinwesen haben. Wer sowohl eine berufliche als auch eine öffentliche Tätigkeit ausübt, wird andere persönliche und politische Entscheidungen fällen. Zwischen dem privaten und dem öffentlichen Leben könnten so zahlreiche Übergänge geschaffen werden. Die Bürger wären dann wieder sowohl Privatbürger als auch Staatsbürger.

Die Demokratie beruht nicht auf einer gegebenen Identität des *dēmos*. Menschen werden geboren, sie sterben, neue kommen hinzu. Die Einheit des Gemeinwesens geht aus den Gesetzen, den Einrichtungen und den Tätigkeiten hervor. Daher ist die Einbeziehung aller in einer Demokratie so entscheidend. Häufig wird nationale Identität gerade dann besonders betont, wenn es keine gelebte Gemeinsamkeit gibt. Die Beschwörung kollektiver Einheit dient oft dem politischen Zweck, den Übergangenen ein Gefühl der Zugehörigkeit zu geben, ohne ihre Anliegen tatsächlich zu berücksichtigen. An die Stelle einer wirklichen Erfahrung tritt dann die Vorstellung, einem Volk anzugehören. Aber es gibt keinen *dēmos* jenseits der demokratischen Teilhabe. Die Einheit des Volkes entsteht allein durch die demokratische Praxis. Nicht wie wir uns sehen, sondern was wir tun, ist entscheidend. Ein demokratisches Volk kann nur dann unvergänglich sein, wenn es fähig ist, sich selbst immer wieder hervorzubringen. Jede Generation muss die Demokratie erneut einüben und auf die gegenwärtigen Probleme beziehen. Und jede Einbürgerung von Zugewanderten muss mit der Bejahung der demokratischen Praxis einhergehen. In Fragen der Demokratie kann es keine Toleranz geben. Wenn immer mehr Autoritäten, seien sie nun religiöser oder ethnischer Herkunft, in Konkurrenz zur demokratischen Herrschaft treten, dann wird die notwendige Treue zum Gemeinwesen immer geringer werden. Doch die liberale Demokratie wird dieses Problem nicht lösen können. Sie verlangt den Bürgern zu wenig ab und regelt nur das Nebeneinander, um Konflikte zu vermeiden. Dabei setzt sie voraus, dass jeder frei sein will, ohne zugleich die materiellen und kulturellen Bedingungen dieser Freiheit zu gewährleisten. Ohne die Ausbildung eines demokratischen Patriotismus werden auch die Einrichtungen der Demokratie keinen dauerhaften Bestand haben.

Wenn ich an die Zukunft denke, geschieht das auf andere Weise als vor der Geburt unseres Sohnes. Meine Sorgen sind nicht weniger geworden. Früher habe ich mich oft damit beruhigt, dass mich die schlimmsten Bedrohungen, die sich für die kommenden Jahrzehnte abzeichneten, vielleicht gar nicht mehr betreffen würden. Mit einem Kind geht das nicht mehr. Es kann mir nicht egal sein, was nach mir kommt. Häufig versuche ich mir die Welt vorzustellen, in der unser Sohn leben wird. Vieles von dem, was für mich selbstverständlich ist, wird er vielleicht gar nicht mehr kennen. Nicht nur die Städte und Dörfer werden anders aussehen, auch wie man sich fortbewegt und wo man sich aufhält, wird sich verändern. Es wird anders sein als heute, einen Beruf zu erlernen und auszuüben. Und die Gelegenheiten, neue Freunde zu finden, sich zu verlieben, werden sicher nicht mehr die gleichen sein wie zu meiner Zeit. Ich kann nicht vorausahnen, was für ihn wichtig sein wird, was erstrebenswert. Und ich kann nicht wissen, was ihn glücklich machen wird. Vielleicht wird er in einem ganz anderen Teil der Welt leben als wir, weil er das will oder dazu gezwungen ist.

In der Zeit, in der ich groß geworden bin, war die Welt in zwei große Blöcke aufgeteilt. Es gab den Westen und den Osten. Die Zuversicht, die mit dem Ende dieser Teilung einherging, hielt nicht lange an. Die Bedrohungen sind nur andere und nicht weniger geworden. Ich musste bislang keinen Krieg erleben, und ich frage mich, ob unser Sohn dieses Glück ebenfalls haben wird. Überall rumort es. Die Welt ist im Umbruch. Noch nie waren so viele Menschen auf der Flucht. Auf die Konflikte, die eine immer mobilere Weltbevölkerung mit sich bringt, sind wir nicht vorbereitet. Niemand kann wissen, wie die globale Ordnung in Zukunft aussehen wird. Oft überlege ich, was wir unserem Sohn mitgeben, was wir ihm beibringen sollen, damit er sein Leben so führen kann, dass es ihm gelingt. Jeden Morgen auf dem Weg zur Kita, wenn er mit seinem kleinen Fahrrad neben mir fährt, fühle ich mich hilflos angesichts der Rücksichtslosigkeit, die wir tagtäglich erleben. Inmitten der gepanzerten Ichs kommt mir sein kleiner Körper immer noch so unfassbar verletzlich vor. In solchen Situationen habe ich manchmal mit der Wut zu kämpfen und weiß nicht, wie ich ihn beschützen kann. Achtloses Verhalten macht mich oft fassungslos. Ich begreife nicht, warum Menschen, die meinen, ein Recht auf ihre Rücksichtslosigkeit zu haben, nicht mehr entgegengesetzt wird, warum wir nicht viel mehr Mühe darauf verwenden, unser Zusammenleben besser zu gestalten.

Was wir von der konservativen Tradition übernehmen sollten, ist die grundlegende Einsicht, dass wir nicht ohne ein Verständnis von Zusammengehörigkeit auskommen. Tugenden und Werte entstehen nur in Gemeinschaft. Um unser Gemeinwesen so einrichten zu können, dass der öffentliche Raum als ein gemeinschaftlicher Ort erfahren werden kann, brauchen wir eine Vorstellung davon, was uns jenseits der eigenen Freiheit wichtig ist. Aus dieser Sicht ist die Freiheit des Individuums immer an die Bedingung gebunden, dass mit ihr zugleich die Zusammengehörigkeit gestärkt werden kann. Die Familie wurde dabei zumeist als Ursprung und Grundlage der Gemeinschaft angesehen. Als vermeintlich natürliche Gemeinschaft blieb sie jedoch gerade aus dem politischen Raum ausgeschlossen. Wenn sich heute Familie und Gemeinwesen durchdringen, weil die Familie den privaten Raum verlässt und zu einer eigenständigen politischen Größe wird, dann könnte die demokratische Familie ein Vorbild sein, von dem das Gemeinwesen seine Tugenden und Werte empfängt. Damit das gelingen kann, muss die Gegenwart der Familie in weit mehr Bereichen unseres Lebens spürbar sein, als das derzeit der Fall ist. Eltern müssen sich auch als Eltern verhalten können, wenn sie einen Beruf ausüben. Sie müssen mehr Unterstützung am Arbeitsplatz erfahren und bei den Abgaben entlastet werden. Ihre Leistung für die Gesellschaft muss auf allen Ebenen der Sozialpolitik anerkannt werden. Und unsere Städte und Straßen müssen so geplant werden, dass immer zuerst an die Kinder und ihr Verhalten gedacht wird. Das würde unsere Vorstellung von Funktionalität sehr verändern und käme auch den Erwachsenen zugute. Wer Vorfahrt hat, wäre dann eine Frage, die das soziale Leben insgesamt betrifft. Und um sie zu beantworten, sollte die Familienpolitik den gleichen Rang einnehmen wie die Wirtschaftspolitik. So könnte die Durchdringung von Familie und Gemeinwesen dazu beitragen, dass anstelle des Einzelnen wieder die sozialen Bindungen in den gesellschaftlichen Mittelpunkt rücken. Denn sie machen unser Leben aus.

Was wir hierbei von der liberalen Tradition übernehmen sollten, ist die historische Einsicht, dass es keine von Natur aus vorgegebene Gemeinschaft gibt. Jedes Zusammenleben kann nur dann gelingen, wenn wir unsere eigene Freiheit in den Bindungen, die wir eingehen, aus eigenem Willen einschränken. Ohne Freiheit kann es keine starken Bindungen geben. Denn die einzigen wirklichen Opfer, die wir anderen darbringen können, sind Selbstopfer. Vermutlich müssen wir in naher Zukunft neue Gemeinschaften erfinden und neue Einschränkungen erlernen, um das Zusammenleben der Familien, der Einzelnen und der Generationen zu ermöglichen. Das Haus, das zuletzt immer leerer geworden ist, sollte wieder mit Leben erfüllt werden.

Wenn ich den ganzen Tag mit unserem Sohn verbracht habe, draußen, auf dem Spielplatz, in einem Park oder unterwegs mit dem Fahrrad, muss ich oft an die langen Sommertage meiner Kindheit zurückdenken. Die Zeit hatte eine andere Dauer. Sie war gedehnt, weit wie die Felder, über die wir rannten. Sobald die Schulferien angebrochen waren, gab es kein Halten mehr. Das Wichtigste war von nun an, die Verstecke und Geheimnisse unseres Dorfes zu erkunden. Wir Kinder lebten wie eine Horde und stürzten uns von einem Erlebnis ins nächste. Am Abend schliefen wir erschöpft ein. Damals kamen mir die großen Ferien unendlich lang vor. Sie ermöglichten uns, eine eigene Zeit zu haben. Heute empfinde ich dieses Gefühl wieder, wenn ich mit unserem Sohn eine andere Welt betrete, in der die Gegenwart nie aufhört. In dieser Zeit ist alles andere unwichtig und vergessen. Manchmal kommt es dann vor, dass mich plötzlich die Angst heimsucht, unserem Sohn könnte etwas zustoßen. In meinem Inneren tauchen dann schreckliche Bilder auf, gegen die ich kaum etwas tun kann.

Früher habe ich oft an meinen eigenen Tod gedacht, um meiner Ohnmacht zu entkommen. Die Vorstellung, einmal nicht mehr zu sein, hat mich beruhigt. So wurden die Dinge, die mich gequält haben, weniger wichtig. Das geht heute nicht mehr. Seit unser Sohn auf der Welt ist, bin ich mit einem Leben verbunden, über das ich nicht mehr allein verfüge. Um für unseren Sohn da sein zu können, muss ich weiterleben. Ich kann mich mit der Vorstellung meines eigenen Todes nicht mehr beruhigen. Sie bezieht sich nicht mehr nur auf mich. Jedes Mal, wenn meine Frau mit unserem Sohn von der Kita oder einem Einkauf nach Hause kommt und ich die beiden an der Wohnungstür höre, bin ich erleichtert, dass es ihnen gut geht. Für jeden weiteren Tag, den wir zusammen erleben dürfen, bin ich dankbar. Wenn es mal wieder etwas länger gedauert hat, bis unser Sohn bereit ist, ins Bett zu gehen, und ihm nach zahlreichen Versuchen, das Einschlafen abzuwenden, doch noch die Augen zugefallen sind, gehe ich manchmal für ein paar Minuten auf unseren Balkon, um alleine zu sein und mich zu entspannen. Oft höre ich dann quengelnde Kinderstimmen aus den Nachbarwohnungen und muss lächeln. Überall ist es das Gleiche. In diesen Momenten kommt es mir vor, als wäre die Welt in Ordnung, und ich empfinde ein tiefes Glück, wohl wissend, dass die Welt nicht in Ordnung ist.

DANKSAGUNG

Zum Ende meiner anderthalbjährigen Elternzeit habe ich im Frühjahr 2015 einen kurzen Essay verfasst. Darin habe ich zu beschreiben versucht, wie das Zusammensein mit unserem Sohn meine Sicht auf viele Dinge verändert hat. Der Text sollte den schlichten Titel »Über meine Elternzeit« tragen. Der erläuternde Untertitel hieß »Ein familienpolitischer Essay«. Denn in dieser Zeit wurde intensiv über die Familie und ihre Zukunft gestritten. Aber die Sicht der Familie, ihre Erfahrungen und Bedürfnisse spielten dabei nur eine untergeordnete Rolle. Deshalb war mein Essay sowohl persönlich als auch politisch ausgerichtet. Erschienen ist der Essay schließlich in der Zeitung *Die Welt* unter dem Titel »Werdet endlich echte Väter!«. Der von mir ausgesuchte Untertitel blieb, wurde aber durch den folgenden Satz ergänzt: »Warum Kinder mehr Raum in unserem Leben einnehmen müssen.«

Ich bin Richard Kämmerlings, dem verantwortlichen Redakteur, sehr dankbar dafür, dass er nicht gezögert hat, den Essay zu veröffentlichen. Und das, obwohl er meine Ansichten sicher nicht in allen Punkten teilte. Im Unterschied zu mir hat er jedoch sofort verstanden, dass der Essay vor allem im Zusammenhang der Diskussion über die neuen Väter auf

Interesse stoßen würde. Mir war zu diesem Zeitpunkt nicht wirklich klar, dass die Entscheidung, die meine Frau und ich gemeinsam getroffen hatten, immer noch eine ziemliche Ausnahme darstellte. Bei den meisten Paaren ist es genau umgekehrt. Die Frau setzt in der Regel deutlich länger aus. Und der Mann nimmt, wenn überhaupt, die gesetzliche Mindestzeit von zwei Monaten, um Elterngeld beziehen zu können. Oft sind dann beide gleichzeitig zu Hause oder machen eine längere Reise, was dazu führt, dass der Mann nie alleine die Verantwortung trägt und daher vieles nicht lernen wird. Erst als ich Anfragen bekam, vor Auszubildenden zu sprechen, die demnächst Eltern-Kind-Kurse leiten sollten, an denen inzwischen auch Väter teilnahmen, wurde mir deutlich, wie untypisch mein eigener Fall war und dass ich wohl doch einen Väter-Essay geschrieben hatte. Dabei war mein eigentliches Anliegen ein anderes.

Meine Frau und ich hatten für über ein Jahr die traditionellen Rollen eingenommen, nur umgekehrt. Das war ungewöhnlicher, als wir dachten. Zumal meine Frau in dieser Zeit viel arbeiten musste und ich sie zu entlasten versuchte, indem ich neben der Betreuung unseres Sohnes auch die Hausarbeit übernahm. Mein Respekt vor Hausfrauen und Hausmännern, die in der Diskussion über die Familie oft verächtlich gemacht werden, ist seitdem enorm gestiegen. Daher richtete sich mein Essay gar nicht in erster Linie an andere Väter. Es ging mir vor allem darum, für die erheblichen Leistungen, die Mütter und Väter zu Hause jeden Tag erbringen, mehr Wertschätzung einzufordern. Wie viele andere Väter und Mütter auch wollte ich vor allem Anerkennung für das, was ich tagtäglich tat.

Die Resonanz auf meinen Essay hat mich sehr über-
rascht und natürlich auch gefreut. Ich habe noch nie so viele
Nachrichten von mir unbekannten Menschen bekommen,
die mir ihre Geschichten erzählt und unbefangen von ihren
Erfahrungen berichtet haben. Dabei handelte es sich überwiegend um Frauen. Die meisten erkannten sich in meinen
Schilderungen wieder und bestärkten mich in meinen Forderungen. Von einigen Nachrichten fühlte ich mich beschämt.
Sie stammten von Müttern, die mehr als ein Kind zur Welt
gebracht und aufgezogen hatten, und handelten von dem
tiefen Glück, das sie dadurch erleben durften. Während ich
nur ein paar Monate in ihrer Welt gelebt hatte, hatten sie
die anstrengende Arbeit des Haushalts und der Kindererzie-
hung schon seit vielen Jahren geleistet. Auch sie hatten den
Eindruck, mit der Entscheidung, für ihre Kinder da zu sein,
auf immer weniger Akzeptanz zu stoßen. Auch sie fühlten
sich alleingelassen und waren der Meinung, dass ihre Leistungen nicht ausreichend gewürdigt wurden. Beim Lesen
ihrer Nachrichten merkte ich, wie sehr ich mich mit diesen
Frauen identifizierte, deren Erfahrungen kaum wahrgenommen wurden und die auch in der Frauenbewegung nur wenig
Unterstützung gefunden hatten. Und auf einmal hatte ich
den Verdacht, meinen Essay insgeheim für die geschrieben
zu haben, die sich für ein Leben im Haus mit Kindern entschieden hatten, egal ob es sich dabei nun um Frauen oder
Männer handelt.

Unter den Reaktionen auf meinen Essay war auch eine
Nachricht von Karsten Kredel, dem Verlagsleiter von Hanser Berlin. Ihm habe ich es zu verdanken, dass aus dem Essay ein Buch wurde. Er hat nicht nur die Idee dazu gehabt,

sondern mir auch geholfen, mein anfängliches Zögern zu überwinden, und stand mir bei der Konzeption des Buches zur Seite. Aber ganz besonders muss ich mich bei meiner Frau bedanken, die mich immer wieder zum Schreiben ermuntert hat und die in diesem Buch viel zu oft abwesend ist. In unserem Leben zu dritt ist sie das nicht.